CATIVADOS POR CRISTO

COLEÇÃO JESUS MESTRE

- *Cativados por Cristo*: Catequese com adultos – Nic Masi
- *Projeto do Pai*: Roteiro para estudo do Antigo Testamento – Dirlei Abercio da Rosa

Nic Masi

CATIVADOS POR CRISTO

Catequese com adultos

Dados Internacionais de Catalogação na Publicação (CIP)
(Câmara Brasileira do Livro, SP, Brasil)

Masi, Nic
    Cativados por Cristo : catequese com adultos / Nic Masi. – São
Paulo : Paulinas, 2010. – (Coleção Jesus Mestre)

    Bibliografia
    ISBN 978-85-356-2617-9

    1. Catecúmenos 2. Catequese - Igreja Católica I. Título. II. Série.

10-02809   CDD-268.434

Índices para catálogo sistemático:
1. Adultos : Catequese : Cristianismo   268.434
2. Catequese com adultos : Cristianismo   268.434

1ª edição – 2010
1ª reimpressão – 2012

Direção-geral: *Flávia Reginatto*
Editores responsáveis: *Vera Ivanise Bombonatto*
e Antonio Francisco Lelo
Copidesque: *Amália Ursi*
Coordenação de revisão: *Marina Mendonça*
Revisão: *Leonilda Menossi e Ruth Mitzuie Kluska*
Direção de arte: *Irma Cipriani*
Assistente de arte: *Sandra Braga*
Gerente de produção: *Felício Calegaro Neto*
Projeto gráfico: *Manuel Rebelato Miramontes*

*Nenhuma parte desta obra poderá ser reproduzida ou transmitida
por qualquer forma e/ou quaisquer meios (eletrônico ou mecânico,
incluindo fotocópia e gravação) ou arquivada em qualquer sistema ou
banco de dados sem permissão escrita da Editora. Direitos reservados.*

Paulinas
Rua Dona Inácia Uchoa, 62
04110-020 – São Paulo – SP (Brasil)
Tel.: (11) 2125-3500
http://www.paulinas.org.br – editora@paulinas.com.br
Telemarketing e SAC: 0800-7010081
© Pia Sociedade Filhas de São Paulo – São Paulo, 2010

CRISTÃO,
aquele que
procura
conhece
ama
reproduz e
anuncia
JESUS.

COLEÇÃO JESUS MESTRE

Oferecer material didático para a formação básica e permanente dos catequistas em suas paróquias e dioceses, segundo os objetivos do *Diretório Nacional de Catequese* (cf. nn. 254-260; 289-291), torna-se um grande desafio. O *Diretório* solicita que o pároco e os responsáveis assegurem a formação adequada e permanente dos catequistas, em nível local, sistematizando escolas paroquiais de catequese (n. 325g). A coordenação diocesana da catequese deverá assumir a mesma tarefa (n. 327g).

A Coleção Jesus Mestre quer sistematizar o conteúdo, a metodologia e o material pedagógico para que impulsionem as escolas catequéticas diocesanas e paroquiais. Com esse objetivo, Paulinas convidou especialistas que assumiram o desafio de abordar os temas fundamentais da fé cristã com uma linguagem adequada, que se afasta de termos muito técnicos e, ao mesmo tempo, conserva a clareza para seu correto entendimento.

Desejamos que a coleção cumpra sua missão de ajudar muitos catequistas a se prepararem bem para o seu ministério, recordando que "nenhum catequista nasce pronto", mas todos temos de seguir nos aperfeiçoando com uma formação continuada. Nossa fé requer respostas convincentes para os tempos de hoje, pois nossos catequizandos são os primeiros a questioná-la.

Nicola Masi, o autor

Desejo ressaltar o mérito do autor. No ano de 1976, Pe. Nicola transferiu-se para o Brasil e residiu durante 18 anos numa palafita na Baixada do Marco, na cidade de Belém, PA. Ali construiu quatro centros comunitários e mais um centro destinado a cursos profissionalizantes, além da Igreja de São Francisco Xavier. Fez parte da Conferência dos Religiosos do Brasil – CRB – e da Associação dos Teólogos Moralistas do Brasil. Ao mesmo tempo, foi professor de Direito Canônico e de Teologia Moral no Instituto de Pastoral Regional, IPAR, do Regional Norte 2 da CNBB, e, sucessivamente, professor de Teologia Moral no Instituto de Formação Presbiteral de Belém. Em 1996 passou a morar em Abaetetuba-PA, onde foi coordenador diocesano da Pastoral. Atualmente é pároco da Paróquia Nossa Senhora do Perpétuo Socorro.

As reflexões do Pe. Nic, como é conhecido e amado em Abaetetuba, tornam presentes o testemunho missionário de um teólogo que amadureceu o magistério e sua experiência de fé nos embates da vida na Amazônia. Essas reflexões são a síntese de um grande testemunho de vida.

PE. ANTONIO FRANCISCO LELO
Editor assistente

APRESENTAÇÃO

Procura...

Caminho...

Encontro...

Quantas vezes a Bíblia nos apresenta Deus e o ser humano na dinâmica de busca, caminho, encontros, afastamentos... nova busca, novo caminho, novos encontros...

O Amor não para de buscar, caminhar (e, se for necessário, percorrer novos caminhos) para encontrar...

A proposta deste livro do Pe. Nic Masi, sx, há muitos e muitos anos missionário inquieto na Amazônia, é a de convidar o batizado a procurar Jesus, a caminhar ao seu lado e a continuar percorrendo novos caminhos com ele, não só como batizado, mas já como discípulo e missionário.

O livro nos leva a caminhar pela Bíblia ao encontro de Jesus, a conhecê-lo e amá-lo, a anunciá-lo e a continuar sua missão em nosso mundo, neste Terceiro Milênio, com as oportunidades e os desafios da nossa época.

Parabéns ao Pe. Nic e boa caminhada para todos!

Cristo não nos espera no fim do caminho, porque ele é o Caminho!

DOM FLAVIO GIOVENALE, sdb
Bispo Diocesano de Abaetetuba-PA

BREVE INTRODUÇÃO

Espero que estas páginas ajudem jovens e adultos que estão à procura de algo ou alguém que dê sentido à sua vida.

Cativados por Cristo foi pensado para ajudar na iniciação e no aprofundamento da vida cristã. A respeito, coloco o seguinte texto que esclarece o sentido e os destinatários deste livro:

– Eu não sou cristão. Quero ser cristão.

– Eu fui batizado, mas nem sei o que quer dizer ser cristão.

– Eu aceitei Cristo na minha vida, mas me decepcionei e o abandonei.

– Eu sou cristão e quero viver plenamente a minha vocação.

O que fazer nessas diferentes situações?

É necessário dar vários passos.

O primeiro é reconhecer-se e se aceitar como ser humano.

O segundo é saber se, para realizar-se plenamente, é necessário recusar ou aceitar Deus.

Mas quem é Deus? Como ele se manifesta? Como o reconheço?

O Deus que se pretende aceitar é aquele apresentado pela inteligência humana ou é o Deus revelado por Jesus Cristo?

Quem é Jesus Cristo?

Qual a sua mensagem?

Qual a sua ação? Ele está morto ou está vivo? Ele desapareceu ou continua presente?

O que significa ser Igreja, Corpo vivo de Cristo?

Qual a missão da Igreja?

Quais os papéis de cada batizado?

E eu, COMO ME POSICIONO?

O Autor

O SER HUMANO

O ser humano é o único ser no mundo que vive entre a necessidade e a liberdade. Nele convivem corpo e espírito, instinto e inteligência. O instinto é uma força que o impulsiona a cuidar da sua conservação, da sua defesa e da sua reprodução. A inteligência tem o papel de ver que tipo de ser humano cada qual quer ser, como deseja realizar-se, o que fazer para que o sonho se torne realidade. A vontade, por sua vez, procura realizar esse sonho, mesmo contra as forças brutas e poderosas do instinto.

Mas nem sempre isso é fácil.

Além de tudo, há gente interessada em me moldar. É necessário, pois, que eu me pergunte:

O que eu quero ser? Como eu me quero?

Como me querem os outros?

Como me quer Jesus?

Como eu quero ser, o que quero me tornar. Devo decidir. Posso ser alguém que realiza um projeto maravilhoso, que se torna sal e luz, ou posso ser uma pessoa insossa, inútil para si mesma e para os outros.

Como *os outros* – mídia (meios de comunicação de massa), poder político, poder econômico, escola, cultura, sociedade – *me querem*. Há muita gente interessada em me moldar e em me colocar a seu serviço, dando-me a falsa ilusão de uma total liberdade e de um prazer ilimitado.

Como Jesus me quer. O Evangelho nos fala de um jovem rico (cf. Mt 19,16-22) que fez a Jesus uma pergunta decisiva: "Que devo fazer para alcançar a vida eterna", a vida plena, a vida verdadeira? A resposta de Jesus foi clara: "Vai, vende os teus bens e dá aos pobres [...]. Depois vem e segue-me".

A primeira condição para alcançar a vida é a liberdade: "Vai e vende, despoja-te daquilo que te amarra, liberta-te".

A segunda condição é a solidariedade: "Dá aos pobres".

A terceira condição é a transcendência: "Vem e segue-me".

Primeiro passo: tornar-se transparente a si mesmo

Um dia um ateu perguntou: "Se Deus sabe tudo, como é que ele pergunta a Adão escondido no Éden: 'Onde é que tu estás?'". Ora, a mesma pergunta Deus faz a mim, a cada um de nós. E não é para saber o que ele não sabe. Ele sabe sim onde nós estamos, mas nos interroga para nos ajudar a descobrir o que está escondido aos nossos olhos. Adão, de fato, se esconde, pensando, assim, não ser visto por Deus, não precisar prestar-lhe contas, escapando então da responsabilidade de seus atos. Ele "se esconde" para não olhar o "Rosto de Deus". O homem esconde-se de Deus, mas, na verdade, busca esconder-se de si mesmo. E então ele se vê nu. Tendo perdido Deus e a própria dignidade, o homem tenta cobrir-se com folhas, com elementos exteriores, com valores efêmeros (poder, ter, prazer).

Mas Deus vem para turbar o homem, vem destruir o seu mecanismo de camuflagem e lhe mostrar aonde o conduziu o caminho errado, para que se pergunte com extrema sinceridade: De onde vim? Onde estou? Para onde vou?

Segundo passo: fazer uma escolha profunda e vital

Não basta reconhecer a própria nudez e a ausência de Deus. É indispensável preencher o vazio, fazer escolhas concretas, firmes, decisivas. O homem deve fazer (ou refazer) a sua opção fundamental, ou seja, deve escolher o seu mundo, o seu sentido de vida, o que para ele é verdadeiramente importante, o que constitui o coração da sua existência. Enquanto Deus pergunta: "Adão, onde estás?", o homem interroga: "Deus, onde é que tu estás?". Vem, em seguida, a resposta inacreditável de Deus: "Eu estou onde tu estás". Então Deus vai ser encontrado e acolhido interiormente pelo homem.

Terceiro passo: seguir Jesus

"Senhor, onde moras?", perguntaram André e João. "Vinde e vede!", foi a resposta de Jesus (Jo 1,18-19). Em outro momento Jesus passou à beira do lago e disse a Pedro e André e depois a Tiago e João: "Venham comigo e eu farei de vocês pescadores de homens!" (Mt 4,19). Passado algum tempo, Jesus reuniu doze Apóstolos para que ficassem com ele, para enviá-los a pregar, dando-lhes autoridade para expulsar demônios (cf. Mc 3,14-15). Tiveram uma convivência de três anos. Os Apóstolos seguiram Jesus, entusiasmaram-se por aquilo que ele dizia e fazia, assistiram aos seus triunfos e às suas derrotas, com ele passaram sede e fome, no momento da prova fugiram, quando Jesus ressuscitou e lhes apareceu, pensavam que ele fosse um fantasma. Foi uma caminhada longa e difícil. Mas, por fim, os olhos dos Apóstolos se abriram e seus corações se inflamaram; eles se entregaram completamente a Jesus, pelo qual estavam dispostos a tudo, até a dar a vida.

Hoje não é diferente. Jesus chama. Há pessoas que logo aceitam o convite e o seguem; outras se fazem de surdas, outras, ainda, começam a sentir certa saudade dele. Há quem siga Jesus só por interesse, outros por amor. Às vezes é preciso quase morrer para renascer. É preciso converter-se, e a conversão pode ser um caminho difícil e doloroso. Mas quem se apaixona por Jesus sente-se amado por ele e percebe que a sua vida, mesmo vivida numa espécie de calvário, caminha rumo à ressurreição.

Escolhas concretas

A escolha fundamental (viver ou não viver o projeto da total autorrealização) concretiza-se, para cada indivíduo, de uma maneira própria, pessoal, peculiar. Daí a existência de diferentes profissões: operário, professor, comerciário, artista, político, dona de casa, pai de família, religioso, padre, entre outras.

Mas a questão fundamental para todos nós é a de saber como podemos nos realizar plenamente como ser humano, independentemente da profissão que exercemos.

Começamos a nos perguntar: O que é o ser humano? Quando há ser humano? Pilatos, apontando Jesus, disse: *"Ecce homo!"*. "Eis o homem". Em outras palavras: "O homem verdadeiro é este aqui". O filósofo alemão Nietzsche rebelou-se contra essa afirmação e escreveu um livro com o título *Ecce homo*. O "homem" apresentado por Pilatos é um derrotado, um condenado à morte, mas que, livremente, dá a sua vida e a dá por amor. É bem diferente o homem descrito por Nietzsche em seu livro; trata-se de um super-homem, que só visa ao culto e à afirmação de si mesmo.

Inúmeras pessoas avançam no cenário da vida e nos gritam: *"Ecce homo"*, "Eis aqui o homem". Esse homem, dependendo do interesse do apresentador, é um ator, uma estrela, uma dançarina, um banqueiro bem-sucedido, um político, um *viveur*.

O Concílio Vaticano II, na constituição pastoral da Igreja sobre o mundo contemporâneo (*Gaudium et spes* [GS], 22), apresenta Jesus Cristo como o homem perfeito no qual o mistério do homem se revela para o homem.

Quem será, afinal, o homem *verdadeiro*? Qual é o tipo de homem que a nossa sociedade escolhe? E eu, que tipo de homem quero ser?

Certamente existem no mundo coisas maravilhosas, gente fantástica, mas há também pessoas e instituições más. Os males mais graves da humanidade – causadores de morte – são a centralização do *eu* – tudo é visto em função de si próprio – e a adoração do dinheiro e do poder, com perda evidente de valores e consequente eliminação de Deus e dos outros. Vivemos numa sociedade que, muitas vezes, exclui Deus e enaltece o ter, o poder e o prazer. Tem como projeto a *globalização* econômica, que produz o mundo dos ricos e o mundo dos excluídos, dos deserdados, dos doentes, dos famintos. Para realizá-lo, não exclui nenhum meio: comércio de armas, drogas, prostituição, pornografia, dessacralização de valores. A mídia poderia ajudar a desmascarar esses males e a descobrir os verdadeiros valores, ajudando a realizá-los, mas, muitas vezes, coloca-se a serviço do poder econômico e político, massificando o ser humano, tornando-o escravo, iludindo-o com a oferta de uma falsa felicidade.

Outra causa de massificação e de desordem é a ineficiência política e sua subserviência ao poder econômico. A política, muitas vezes, não só não erradica a pobreza, a injustiça e os outros males, como também não quer erradicá-los, para manter tudo como está.

O que mais nos choca é observar que, diante desses dramas e de suas vítimas, diante da ditadura do pensamento único, da globalização, da política corrupta e vendida ao poder, diante de uma cultura de achatamento do ser humano, persiste como que uma abdicação generalizada, uma renúncia ao senso crítico, uma tácita resignação do povo. Rabbi Hanoc escreveu: "O exílio verdadeiro de Israel no Egito foi que os hebreus tinham-se acostumado a suportá-lo". O grande mal do ser humano – e da sociedade – é o de viver mergulhado no mal sem se dar conta da sua situação, vítima da passividade e do medo, sem opor resistência, sem reagir, sem manifestar a vontade de realizar o mundo como foi sonhado por Deus.

A grande tentação de hoje é a de se deixar mergulhar nessa cultura dominante e aceitar passivamente a sua ditadura, considerando como óbvio e normal o que está acontecendo.

Queremos aceitar tudo isso ou queremos reagir, criticar, resistir, ter a coragem de ser profetas, iniciando uma práxis diferente?

O século XX, mesmo saturado de ideologias, de massacres étnicos e culturais, foi repleto também de verdadeiros profetas e mártires, iniciadores de pensamento novo, de mundo novo, de homem novo. Podemos lembrar João XXIII, Oscar Romero, Proaño, D. Helder Câmara, Ruiz, Martin Luther King, Padre Josimo, Irmã Adelaide, Irmã Doroty. Além desses, podemos também lembrar outros homens corajosos que tentaram dar um sentido diferente à vida social e política: Gandhi, La Pira, Aldo Moro, Dossetti, Olof Palme, Salvador Allende, Nelson Mandela.

Enfim a pergunta: Quando o ser humano é verdadeiramente *ser humano*? O que determina o modo de ser ou as atitudes do verdadeiro ser humano? Pelo seu código genético, sua metafísica, sua ética? É suficiente ser, ou é preciso aceitar e querer ser o que se é chamado a ser? Enfim a vida é "dado" (sorte) ou é missão? Missão para realizar o quê? Missão de ser *homem*. Mas que tipo de homem? É possível sonhar com um ser humano que realize todas as possíveis potencialidades do seu ser? Ou isso só seria possível se um Deus se decidisse a tornar-se homem? Não se trata de puro sonho? Não. O cristão acredita que não se trata de ficção, mas que esse fato misterioso se realizou verdadeira e perfeitamente em Cristo. Cristo é, portanto, para nós cristãos, aquele de quem se pode dizer: *"Ecce homo"* – "O homem verdadeiro é este aqui". Nele o ser humano se realizou ao máximo grau. Ele é, portanto, o protótipo único para o ser humano viver em totalidade a sua humanidade.

Decorre daí a importância de saber se em nossa vida deve entrar ou dela deve ser excluído aquele Deus do qual Jesus se diz Filho, Palavra viva, expressão total.

Quem é, portanto, Deus? Qual a sua ação?

DEUS: QUEM É DEUS?

Nada de mais misterioso do que Deus. Ninguém pode penetrar em sua intimidade. Ele próprio se revelou em seu Filho Jesus e nos fez entender que Deus é *unidade* e, ao mesmo tempo, é *comunhão-trindade*. Deus é o ser fontal, aquele que possui em si mesmo a própria razão de ser. Os outros seres só se explicam a partir dele.

Ora, qual é a nossa experiência de Deus?

Jamais alguém viu o rosto de Deus. Vemos apenas o que ele fez; é "às apalpadelas" que conseguimos nos dar conta da sua presença criadora e vivificante (cf. At 17,27). "Nele temos a vida, o movimento e o ser" (At 17,28). "Ele não está longe de nós" (At 17,27). O mundo e a história são rastros dele e nos permitem uma leitura fraca e superficial daquele que é a vida e o ser em plenitude. A Bíblia, o livro revelado, nos apresenta Deus como a *Verdade* (o ser verdadeiro, aquele que existe por si mesmo – cf. Ecl 24,25; Jo 15,26) e o *Amor* (1Jo 4,16). Ora o amor, como diz Santo Tomás, "*est sui diffusivum*", é algo de dinâmico, que irrompe, que se espalha. Não aguenta ficar fechado em si próprio; estoura, por assim dizer, para se espalhar, se revelar, se comunicar.

O conhecimento primeiro que se teve de Deus não foi teórico; o amor dele não foi abstrato e cerebral, mas concreto-experiencial. Os hebreus, prisioneiros, marginalizados e excluídos pelo poder opressor, são recolocados no centro da vida e da história. Moisés, Aarão, Josué são os instrumentos vivos do Deus da vida e da liberdade juntamente com a mãe de Moisés, com a filha do Faraó, com as parteiras, com Maria. Mais tarde aparecerão, quase como continuação do braço libertador de Deus, os profetas e as várias mulheres fortes da história da salvação: Raquel, Débora, Ana, Rute, Judite, Ester, Maria de Nazaré, Maria Madalena, Lídia, Priscila e tantas outras. Deus não faz acepção de pessoas (cf. Rm 2,11). Homem e mulher são igualmente amados e dignificados e, muitas vezes, Deus se revela por meio deles.

A título de exemplo, vamos escolher três momentos altos da ação e da revelação-comunicação de Deus aos homens: a Criação, a Aliança, a Encarnação.

A Criação

Deus criou céu, terra, mar, sol, lua, estrelas, plantas, animais e "viu que tudo era bom". Depois criou o ser humano (homem e mulher) à sua imagem e semelhança e "viu que tudo isso era muito bom"!

A Bíblia nos oferece dicas e nos apresenta duas versões de Deus: o Deus em si (que ninguém conhece) e o Deus Criador. Deus vive, por assim dizer, duas vidas: a vida imperscrutável do invisível e a vida histórica e visível de alguém que se manifesta na sua criatura. O ser humano é aquele ser em quem Deus imprime a sua imagem e semelhança, é de certa forma promanação de Deus, com poder de pensar, de querer, de produzir vida. Diante de uma criança, podemos até dizer que a vida, na sua fonte primordial, está em Deus, mas concretamente e de imediato ficamos extasiados diante de uma mulher que deixa sair, do seu ventre, uma vida nova. Ela fez, ela criou. O ser humano é chamado a continuar a criação. Deus pode descansar sossegado, pois o seu "semelhante", esse homem "quase Deus por amor", foi feito depositário da vida, que irá continuar e espalhar com a mesma gratuidade que a recebeu.

Mas o ser humano recusa-se a viver o Projeto de Deus. Julga que Deus não é necessário e não lhe serve. O homem sente-se suficiente, capaz de conduzir o seu destino, a sua felicidade, de dirigir a própria vida com total autonomia, desprezando as orientações de Deus. As consequências são dolorosas. Adão e Eva se escondem da face de Deus, não querem reconhecer o seu erro, se acusam reciprocamente; Caim mata o seu irmão Abel; os homens desafiam terra e céu construindo torres de opressão e dominação e não se entendem mais; cada qual fala a sua língua e ninguém entende ninguém. É uma Babel!

A Aliança

Deus não podia suportar uma humanidade tão afastada do seu Projeto e decidiu construir uma "segunda edição" dela. É esse o sentido do dilúvio (destruição daquele determinado tipo de humanidade) e da aparição do arco-íris (renovação de um pacto de Aliança com o homem, que Deus continua a amar e a desejar que seja de verdade sua imagem e semelhança). Haverá outros momentos tristes de dor, de infidelidade. O povo "eleito" abandonará o seu Deus e será submetido à escravidão. Mas Deus reaviva continuamente a sua Aliança. Liberta-o do Egito, liberta-o da Babilônia, manda Moisés, envia uma multidão de profetas e continua a dizer: "Eu serei o vosso Deus e vós sereis o meu povo. Pode uma mãe se esquecer do seu filho? E como poderei eu me esquecer de vocês?". E assim Deus promete algo inacreditável: "Eis que uma virgem dará à luz um filho e ele será o Filho do Altíssimo!" (Is 7,14; Mq 5,2; Mt 1,23; Lc 1,31).

Mas foi difícil para o homem descobrir o verdadeiro rosto de Deus. Ele foi se manifestando aos poucos. O próprio Deus foi dando como que umas pequenas pinceladas de si mesmo, servindo-se do seu povo e dos seus profetas. A seguir, nos deteremos a ver o Deus de Abraão – ou seja, o Deus dos vivos –, o Deus de Moisés, o Deus dos profetas, o Deus de Jonas e o Deus de Judite.

O Deus de Abraão, ou seja, o Deus dos vivos

O Deus da Bíblia é o Deus de Abraão e de toda a sua tribo, que migra da Mesopotâmia à Palestina, à procura de terra.

Segundo o modo de pensar do povo hebreu, o Deus de Abraão seria um daqueles deuses menores que enchiam as várias mitologias e que, com certeza, não tinham o poder do Deus do Faraó ou do Deus do rei da Babilônia.

A força e o poder de um deus eram medidos pelo poder real da pessoa protegida. Se o poder de uma pessoa era pequeno, era sinal de que o seu protetor não gozava também de muita força. Mas essa ideia, alastrada em todas as camadas do mundo antigo, começou a ser contestada por um pequeno grupo de hebreus escravos no Egito. Apesar de viverem esmagados, aos poucos despertou-se neles a consciência, sempre mais viva, de que o seu Deus era mais forte do que os outros deuses. Mais: o seu Deus não era o mais forte de todos, mas era o único Deus. Os outros eram fetiches, fantoches imaginários, criados pelos homens para legitimar o seu poder, para sacralizar o seu sistema, ou para exorcizar os seus medos. Javé é aquele que existe de verdade, o Deus de Abraão, de Isaac, de Jacó, e Deus dos escravos do Egito: é o Deus único e verdadeiro. Essa intuição não foi imediata. Custou séculos para penetrar na consciência de um povo rude, ignorante, cercado de povos cultos e poderosos com ideias completamente diferentes.

O Deus de Moisés

Moisés foi educado na corte do Faraó, onde tudo era regulado meticulosamente: a vida política, econômica, social, religiosa. A religião não era diferente das outras organizações. Servia ao poder, que procurava se apresentar e legitimar como derivação direta da divindade. A ordem terrestre repetia a ordem celeste. A pirâmide da terra era legitimada pela pirâmide existente no céu. A posse de poder, riqueza, sabedoria era sinal certo da proteção dos deuses; a privação, pelo contrário, manifestava claramente a falta de protetores celestes. Assim Moisés foi educado. Para ele, como para todos os seus contemporâneos, tudo isso era óbvio e não se admitia a mínima sombra de dúvida. Até que alguns acontecimentos demonstraram claramente a Moisés e aos outros hebreus escravos do Egito que tudo isso era um erro, uma gigantesca mentira organizada pelo poder interesseiro. Deus era completamente diferente. Ele não estava do lado do Faraó, mas sim dos escravos. Ele não era um dentre os tantos deuses, mas o único, aquele que iria fazer justiça, libertando os oprimidos e condenando os opressores. No ato de sua libertação, os hebreus experimentaram quem era esse Deus. Foi a primeira grande conquista da ideia de Deus.

Os hebreus passaram a ver Javé como aquele que ouve, vê a aflição do povo, desce para libertá-lo e manda os seus profetas para realizar o seu Projeto. Javé está decididamente ao lado do pequeno, do injustiçado; ele esmaga os opressores. Não quer um mundo piramidal, de exploração e opressão. Javé é um Deus libertador: quer instaurar um mundo igualitário e fraterno. A lei nova, dada não por imposição, mas como um pacto de aliança, deixa claro que o *parceiro Deus* é aquele que libertou seu povo do Egito e não tolera nenhum tipo de escravidão; e que o *parceiro "povo novo"* é aquele que se empenha em eliminar do seu meio qualquer tipo de desigualdade e de opressão. A Bíblia resume tudo isso em poucas palavras no maravilhoso cântico de Moisés:

Foi num deserto que o Senhor achou seu povo, num lugar de solidão desoladora; cercou-o de cuidados e de carinhos e o guardou como a pupila dos seus olhos. Como a águia, esvoaçando sobre o ninho, incita os seus filhotes a voar, ele estendeu as suas asas e o tomou, e levou-o carregado sobre elas. O Senhor, somente ele, foi seu guia, e jamais um outro deus com ele estava (Dt 32,1-12).

O Deus dos profetas

O papel dos profetas foi sempre o de manter-se totalmente aberto e disponível a Deus e ao povo, relembrando-lhe os prodígios divinos em seu favor e animando-o a permanecer fiel a Deus e ao seu Projeto. Zelavam igualmente pela defesa dos atributos de Javé (Deus único libertador, misericordioso, pai, esposo de seu povo) e pelo bem-estar do povo (independência, liberdade, fidelidade a Javé e ao projeto igualitário, defesa dos pequenos e oprimidos).

O profeta Ezequiel assiste à tragédia do seu povo, reduzido à miséria e à escravidão, parecendo um amontoado de ossos secos, sem vida, sem esperança. Deus não pode aceitar essa situação desoladora; chama o seu profeta e diz:

Criatura humana, esses ossos são toda a casa de Israel. Os israelitas andam dizendo: "Nossos ossos estão secos e nossa esperança se foi. Para nós tudo acabou". Pois bem! Profetiza e diz: Assim fala o Senhor Javé: Vou abrir seus túmulos, tirar vocês de seus túmulos, povo meu, e vou levá-los para a terra de Israel. Povo meu, vocês ficarão sabendo que eu sou Javé, quando eu abrir seus túmulos, e de seus túmulos eu tirar vocês. Colocarei em vocês o meu espírito, e vocês reviverão (Ez 37,11-14).

Eu vos tirarei do meio das nações, vos reunirei de todos os países e vos conduzirei para vossa terra. Derramarei sobre vós uma água pura e sereis purificados. Eu vos purificarei de todas as impurezas e de todos os ídolos. Eu vos darei um coração novo e porei um espírito novo dentro de vós. Arrancarei do vosso corpo o coração de pedra e vos darei um coração de carne, porei o meu espírito dentro de vós e farei com que sigais a minha lei e cuideis de observar os meus mandamentos. Habitareis no país que dei a vossos pais. Sereis o meu povo e eu serei o vosso Deus (Ez 37,24-28).

O profeta Isaías igualmente mostra a paixão de Deus para o seu povo:

> Buscai o Senhor enquanto pode ser achado, invocai-o enquanto ele está perto. Abandone o ímpio seu caminho, e o homem injusto, suas maquinações; volte para o Senhor, que terá piedade dele, volte para o nosso Deus, que é generoso no perdão. Meus pensamentos não são como vossos pensamentos, e vossos caminhos não são como os meus caminhos, diz o Senhor. Estão meus caminhos tão acima dos vossos caminhos e meus pensamentos acima dos vossos pensamentos quanto está o céu acima da terra. A palavra que sair de minha boca não voltará para mim vazia; antes, realizará tudo o que for de minha vontade e produzirá os efeitos que pretendi ao enviá-la" (Is 55,6-11).

E Deus mostra ao seu povo um amor que ninguém poderia se esperar:

> Vós sereis amamentados e carregados ao colo e afagados com carícias; como uma mãe consola o seu filho, assim eu vou consolar-vos (Is 66,13).

O Deus de Jonas

Com o livro de Jonas abrem-se novos horizontes. Javé não é só o Deus dos hebreus, mas também o Deus dos ninivitas, os inimigos tradicionais e mortais dos hebreus. Javé é o Deus da vida que quer salvar a todos. Jonas é enviado a Nínive para lá pregar a penitência e a conversão, mas ele não quer e foge para Tarsis, o lugar que, aos olhos dos hebreus, representava o fim do mundo. Parece não ter jeito. Deus quer a justiça, mas a grande cidade de Nínive a recusa. Deus envia o seu profeta, mas ele foge. Como é que Deus vai resolver esse impasse? Poderíamos resumir o grande drama encenado no livro, numa única afirmação: Deus quer a salvação de todos, de Nínive e de Jonas.

Nada conseguirá impedir a realização do Projeto de salvação, nem a recusa de Jonas, nem as forças da natureza (tempestade), nem a crueldade dos marinheiros que jogam Jonas ao mar, nem o instinto da baleia que engole o profeta. Deus lutará sozinho contra tudo e contra todos, mas ele, o Deus da vida, não pode aceitar a morte de ninguém. Javé estará disposto a passar por um Deus "mole", que não honra a palavra dada, não pune mais os ninivitas pecadores, pois se deixa enternecer (como se vê, estamos bem pertinho do Deus de Jesus Cristo). Será essa a grande preocupação de Jonas. Depois de ter pregado a vingança de Javé, o profeta vê à sua frente um Deus manso e misericordioso. Javé acaba decepcionando Jonas, o puro, o homem de palavra, o justo, o inflexível, o justiceiro. Mas a justiça de Javé é a misericórdia. O que Deus quer de Nínive é a conversão e, portanto, a salvação, e não a sua destruição; ele quer misericórdia e não vingança.

Mas Deus quer também a salvação de Jonas. Foi uma luta dura, dramática, a travada por Deus para conseguir a conversão dos ninivitas e, portanto, o perdão para eles. Tudo parecia conjurar contra esse desfecho. Mas foi ainda mais duro conseguir a conversão de Jonas. Primeiro, porque ele não queria, tinha os próprios planos, fugia. Segundo, porque, quando ele enfim aceita, pretende dobrar Deus e adequar o plano divino ao seu ponto de vista. Ele tem o seu mundo e as suas ideias. Deus deve usar toda uma estratégia para convencer Jonas a aceitar o seu papel de profeta, e aceitá-lo não da maneira como ele entende, mas segundo o estilo de Javé. Não foi fácil a conversão de Nínive, mas a conversão de Jonas colocou à dura prova a paciência de Javé. O que Jonas queria mesmo era o castigo dos ninivitas. Quando ele viu que "Deus arrependeu-se do mal que ameaçara fazer-lhes" (cf. 3,10), ficou indignado e muito irritado (cf. 4,1). Era o que ele temia! Por isso tinha fugido para Tarsis, "pois eu sabia que tu és um Deus de piedade e de ternura, lento para a ira e rico em misericórdia, e que se arrepende do mal prometido" (4,2).

Mas é justamente assim: o que é motivo de indignação para Jonas é motivo de glória para Javé, que se apresenta definitivamente como aquele que é rico em misericórdia, amante da vida e que quer salvar, a todo custo, o seu povo, mas também o seu profeta. Deus não pode aceitar que o povo se salve e o profeta, que o ajudou, pereça.

O Deus de Judite

O livro de Judite nos mostra quem é Javé e de que lado ele se coloca quando o poderoso assalta e quer esmagar o pequeno. O rei Nabucodonosor é uma ameaça terrível para todos os povos. Não há outra alternativa: ou aceitar a sua dominação feita de impostos e escravidão, ou se preparar para a mais horrorosa destruição. O seu exército contava com "cento e vinte mil homens escolhidos, mais doze mil arqueiros montados" (Jt 2,15). O general cruel, enviado a arrasar tudo no seu caminho é Holofernes. Não adiantava muito se render.

> Os habitantes das cidades e arredores receberam-no com coroas e dançando ao som de tamborins. Mas ele devastou seus santuários, cortou suas árvores sagradas. Fora autorizado a exterminar todos os deuses da terra, de maneira que todos os povos adorassem só a Nabucodonosor, e todas as línguas e todas as tribos o invocassem como deus (Jt 3,7-8).

Javé não podia admitir que se sacralizasse e se endeusasse o poder, a opressão e a violência. Ele vai ridicularizar essa pretensão usando o meio mais fraco, o mais incapaz de se opor à força, aquele que tem menos valor. O livro de Judite nos conta como Aquior tinha aconselhado Holofernes, irado pela resistência daquele povo sem importância, a considerar bem a situação.

> Se este povo está afastado da justiça e, portanto, do seu Deus, cai em cima dele, ele não terá força nenhuma, o seu próprio Deus vai to entregar; mas se o povo vive na justiça e no amor ao seu Deus, então é melhor passar adiante. O seu Deus o protegeria e nós receberíamos tamanha derrota, que nos tornaríamos motivo de escárnio para toda a terra (Jt 5,2-1).

"Quem é deus, além de Nabucodonosor?", gritou com raiva Holofernes. "Este enviará sua força e os exterminará da face da terra, e o Deus deles não os salvará" (Jt 6,2). O exército parte. Betúlia, a cidade dos hebreus, treme. "Os filhos de Israel clamaram ao Senhor, seu Deus. O ânimo deles abateu-se, pois todos os seus inimigos os tinham cercado, e não havia como fugir do meio deles" (Jt 7,19). O cerco é terrível. A água é cortada. O jeito é se entregar. Melhor ser feito escravo do que ser massacrado. Ozias conforta o povo e pede que tenha fé em Javé. Orienta-o a esperar mais cinco dias: se Deus ajudar, tudo bem; caso contrário, se entregarão. Aí surge uma mulher, uma viúva. Que pode ela fazer no meio do fracasso geral? E mulher não tinha valor, viúva muito menos! Mas é ela quem reage: "Quem sois vós, que hoje tentais a Deus e vos colocais acima dele?" (Jt 8,12). Como podeis exigir dele um prazo? Deus é o livre e o Todo-poderoso, e ele vai mostrar o que é capaz de fazer, servindo-se de uma mulher. Beleza e astúcia de Judite de um lado, devassidão de Holofernes do outro conspiram para uma reviravolta geral. Os assírios são humilhados na sua força e arrogância. O pequeno sai vitorioso e o povo exultando grita: "Bendita sejais, mais que todas as mulheres da terra [...]. Faça Deus que tu sejas exaltada para sempre, pois que não poupaste tua vida no momento da humilhação da nossa raça" (Jt 13,18-20). Mas Judite reage: não é ela "a glória de Jerusalém", o "supremo orgulho de Israel", "a grande honra de nossa raça" (Jt 15,9), mas é Javé. Contra a prepotência do opressor que "disse que incendiaria meu país, que mataria meus adolescentes à espada, que jogaria por terra meus lactentes e que entregaria como presa minhas crianças, que minhas jovens seriam raptadas" (Jt 16,4), "o Senhor todo-poderoso o repeliu pela mão de uma mulher" (Jt 16,5). Quem derrotou o opressor não foram heróis ou gigantes, mas uma mulher (cf. Jt 16,6). A força de Judite está na sua fraqueza e na sua confiança em Deus: assim tinha ela rezado: "Ouve-me, porque sou uma pobre viúva" (Jt 9,4). Cuidem-se, portanto, os grandes, parem de esmagar e violentar o povo. O nosso Deus não vai tolerar. O Senhor Javé fez a sua opção preferencial: pobres e pequenos são os seus preferidos. "Desgraçadas as nações que se levantam contra o meu povo. O Senhor todo-poderoso as punirá no dia do juízo. Meterá fogo e vermes em suas carnes, e chorarão de dor eternamente" (Jt 16,17). Judite exorta o povo a cantar:

"Entoai um cântico ao meu Deus com címbalos. Exaltai e invocai o seu nome" (Jt 16,1).

"Porque tu és o Deus dos humildes, o socorro dos oprimidos, o protetor dos fracos, o abrigo dos abandonados, o Salvador dos desesperados" (Jt 9,11).

Javé, portanto, é aquele que ouve, vê a aflição do povo, desce para libertá-lo e manda os profetas para realizar o seu projeto. Javé está decididamente do lado do pequeno, do injustiçado. Ele esmaga o opressor e promete a libertação total. Ele enviará o seu proprio Filho e inaugurará o tempo da ressurreição.

A Encarnação

No Antigo Testamento Javé se manifesta como o Deus que faz o mundo existir do nada (Gênesis) e liberta o homem da escravidão (Êxodo). Ele se torna parceiro em um pacto entre iguais. Os profetas o apresentam como amigo, como esposo, o criador do homem novo de quem tira o coração de pedra para substituí-lo por um coração de carne; ele se manifesta como o misericordioso, o amante da vida, o Deus dos pequenos.

A criação nos mostra um Deus "aberto", comunicador ao ser humano daquilo que ele é, sabe e pode. Deus não é cioso das suas prerrogativas (cf. Fl 2,6), não fica com ciúme por ser o homem quase "outro Deus", capaz de pensar e de dar vida. O homem é o "outro", o único com quem Deus pode se relacionar de forma pessoal, dialogal.

Através da criação Deus quer que "alguém mais", um "outro", além de si próprio, exista à sua imagem e semelhança. Mas com a encarnação Deus vai além; não só quer que o "outro" exista, e sim ele próprio quer se tornar o "outro", entrando na pele, no coração, na raça, na cultura, na história dele. O amor não tem limites, não tem medo de se rebaixar, não pensa que o outro possa macular ou diminuir a sua dignidade. "*Non horruisti Virginis uterum*", "Não temeste entrar no seio de uma mulher", canta um antigo hino natalino. Deus bateu à porta de uma mulher, pedindo licença para entrar. Ela ficou perplexa e admirada, sem poder imaginar que a sua dignidade fosse tão grande, que o próprio Deus estava ali pedindo para iniciar e fazer a sua experiência humana no seio dela.

Maria ouviu, questionou e assinou. E assim lavrou o contrato pelo qual Deus se fez homem e o homem se faz Deus. O Pai e Maria são os dois signatários. O resultado é Jesus de Nazaré.

JESUS, O DEUS-CONOSCO

Encarnação: o acontecimento mais revolucionário

Jesus de Nazaré, o Verbo encarnado, é, portanto, fruto de Deus e do ser humano.

O meio escolhido para operar o prodígio é o ventre de uma mulher (Gl 4,4); da mulher, portanto, nasce o impensável, realiza-se o mistério de um Deus-homem ou de um homem-Deus.

O portador desse mistério é Jesus de Nazaré. Nele reside a doação de Deus ao homem e de tudo o que isso comporta (salvação, graça, libertação, reino). Jesus é redenção e salvação fontal. Mas desde que Cristo uniu o homem, cada homem a si, como ramos vivos de videira viva (cf. Jo 15,15), cada homem é chamado a entrar na comunhão trinitária e a se tornar Jesus, redenção, salvação. Tudo isso à semelhança da criação. O Criador fontal é Deus, mas quem realiza o aparecimento de novas crianças são mulheres e homens concretos. Assim, a salvação, fontalmente, é de Cristo. Ele é o único salvador e redentor (*"non est in alio aliquo salus"*, "não existe salvação a não ser nele" (At 4,12). Mas ele, entrando na nossa vida e no nosso coração, quer nos tornar capazes de ser portadores de graça e salvação.

Portanto a *Encarnação de Jesus é o acontecimento mais revolucionário que existe.* Deus se torna um de nós, do nosso sangue, da nossa raça.

Ele cura tudo, salva tudo o que é humano, torna-se irmão de todos.

Muda o relacionamento, e o homem adquire outro *status*: "Não vos chamarei mais de servos, mas de *amigos*" (Jo 15,15). "Já não és escravo, mas *filho*. E se és filho, és também *herdeiro*, graças a Deus" (Gl 4,7). "E se somos filhos, somos também herdeiros de Deus e *co-herdeiros* de Cristo" (Rm 8,17).

O Verbo encarnado se torna suporte da nossa humanidade.

"Não sou mais eu que vivo, mas é Cristo que vive em mim" (Gl 2,20). "Todos vós que fostes batizados em Cristo vos vestistes de Cristo. Não há nem judeu nem grego, não há escravo nem livre, não há homem nem mulher; pois vós sois um em Cristo Jesus." "Eu sou a videira, vós sois os ramos" (Jo 15,5).

E este extraordinário acontecimento Cristo-encarnação carrega consigo a paz.

> Cristo é a nossa paz [...]. Derrubou o muro de separação e suprimiu em sua carne a inimizade (Ef 2,14). Ele veio e anunciou a paz (Ef 2,17).

Carrega consigo também o perdão-misericórdia.

> É pelo sangue dele (Cristo) que temos a redenção, a remissão dos pecados, segundo a riqueza da sua graça (Ef 1,7).
> E isso não vem de vós, mas é dom de Deus (Ef 2,8).
> Vós estáveis mortos em vossos delitos e pecados. Neles vivíeis outrora, conforme a índole deste mundo [...]. Com eles nós também andávamos outrora nos desejos de nossa carne, satisfazendo as vontades da carne e os seus impulsos, e éramos, por natureza, como os demais, filhos da ira. Mas Deus, que é rico em misericórdia, pelo grande amor com que nos amou, quando estávamos mortos em nossos delitos, nos vivificou juntamente com Cristo – por pura graça – e com ele nos ressuscitou e nos fez assentar nos céus, em Cristo Jesus (Ef 2,1-6).

Nós somos reconstruídos sobre Cristo.

> Portanto, já não sois estrangeiros e adventícios, mas concidadãos dos santos e membros da família de Deus. Estais edificados sobre o fundamento dos apóstolos e dos profetas, do qual é Cristo Jesus a pedra angular. Nele, bem articulado, todo o edifício se ergue em santuário sagrado no Senhor, e vós também nele sois coedificados para serdes uma habitação de Deus, no Espírito (Ef 2,19-22).

O ser humano torna-se homem novo (por assim dizer, homem segunda edição).

> Bendito seja o Deus e Pai de Nosso Senhor Jesus Cristo, que, em sua grande misericórdia, *nos gerou de novo*, pela ressurreição de Jesus Cristo dentre os mortos, para uma esperança viva, para uma herança incorruptível, imaculada e imarcescível, reservada nos céus para vós (1Pd 1,3-4).

Cristo torna-se alma da nossa alma, suporte do nosso ser.

> Nele fostes ensinados a remover o vosso modo de viver anterior como homem velho, que se corrompe ao sabor das concupiscências enganosas, e a renovar-vos pela transformação espiritual da vossa mente, e revestir-vos do Homem Novo, criado segundo Deus, na justiça e santidade da verdade (Ef 4,21-24).

A humanidade inteira torna-se, por assim dizer, Corpo Místico do próprio Jesus. Ele é a videira, nós somos os ramos, ele é a cabeça, nós somos seus membros. Consequentemente, a vida é um dom que Deus nos concede para que se manifeste o que nós somos realmente: gente cristificada.

Cristo continua a sua encarnação em cada um de nós, através de cada um nós: "Para mim o viver é Cristo" (Fl 1,21). A missão de Cristo continua através de cada um de nós "Em verdade vos digo: [...] a mim o fizestes [...]; a mim o deixastes de fazer" (Mt 25,40.45).

Como viver tudo isso? À maneira de Maria, dos Apóstolos, dos santos, deixando-nos conduzir pelo Espírito Santo, que é o Espírito do Pai e do Filho.

Os outros, justamente por serem membros vivos do corpo de Jesus, tornam-se, por sua vez, o nosso *centro*, a nossa riqueza: "É a mim que o fizeste" (Mt 25,31-46).

Cada um de nós deve renovar continuamente a escolha de Jesus, pois há uma tensão constante entre o desejo de ser o centro – , de ser independente, de ter um projeto próprio, apoiando-se apenas em si mesmo, nos próprios projetos e programas – e o desejo de deixar o Cristo se encarnar em nós e continuar, através de nós, a sua aventura humana aqui, agora.

É preciso, portanto, *arregaçar as mangas* e não ter medo de sujar as mãos, encarnados, inseridos no meio dos irmãos mais pobres, excluídos, injustiçados.

Perguntas "impertinentes"

Considero a minha vida uma *encarnação*, isto é, vivo de modo a tornar-me Cristo, a me identificar com ele, a assumir a sua causa? Busco fazer o mesmo com o "outro"?

Cristo se fez "periferia" (cf. Fl 2,6-11). Eu prefiro ser centro ou periferia?

Os amigos do peito de Jesus eram os pobres, os cegos, os coxos, enfim os "inúteis" da sociedade. Estes são meus amigos também? Assumo plenamente a causa deles?

A autobiografia de Jesus

É admirável e fascinante avizinhar-se das pessoas, das crianças, dos adultos, das mulheres, dos velhos, dos cultos, dos analfabetos. Ler o mistério que se esconde neles, descobrir o sentido de suas vidas, conhecer sua expectativa quanto ao futuro. Distinguir se são pessoas da montanha, que pensam e respiram alto, ou se são pessoas da planície com os pulmões entupidos e o coração fatigado. Que maravilha poder penetrar na cabeça de um Sócrates, um Platão, um Aristóteles, um Agostinho, um Dante, um Pascal, um Leonardo da Vinci, um Einstein. Poder penetrar no coração de Maria Madalena, de Francisco de Assis, de Catarina de Sena, de Vicente de Paula, de Gandhi, de Oscar Romero. É agradável falar com tantas pessoas, penetrar no fundo de suas almas, imbuir-se das suas riquezas. Mas como seria maravilhoso poder penetrar nos segredos daquele homem único que se chama Jesus Cristo! Será que isso é possível? Terá ele escrito algo a respeito de si? Talvez a sua autobiografia? Seria isso um sonho? Não, não se trata de um sonho. Cristo escreveu de verdade a sua autobiografia, não com tinta, mas com a vida.

Jesus: um homem com uma experiência única

Se é certo o que dizem dele, nem dá para imaginar a profundidade de tudo aquilo que ele viveu e experimentou. Podemos pensar em Bach: deve ter passado por todo o mundo da música, por todo o encanto da harmonia. Mas não experimentou o que se passou no espírito de Vivaldi, de Beethoven, de Mozart. Todos eles viveram nos cumes, mas ninguém conseguiu sentir o êxtase da harmonia do todo. Sempre restaram partes absolutamente inexploradas. Para Jesus a realidade foi outra. Tudo foi explorado, sentido, experimentado em largura, comprimento, altura, profundidade. Sendo o Filho no mistério trinitário, experimentou tudo a respeito de Deus.

Ele era o Deus único e verdadeiro. Por outro lado, ele era homem, homem verdadeiro, autêntico e, sendo assim, fez a experiência mais viva como ser humano. Foi criança, foi adulto, sentiu fome, teve sede, ficou cansado, precisou de compreensão e de amizade, abraçou crianças, chorou, sentiu-se traído, implorou junto ao Pai. E teve de enveredar pelo grande caminho da solidão: sentiu-se sozinho diante da morte. Sem ver mais nada, fechou os olhos e entregou-se confiante ao Pai. Foi condenado, despido, cravado na cruz, para que todos pudessem constatar que era homem verdadeiro, e não um fantasma. Verdadeiramente Jesus viveu uma experiência única. Ninguém sabe como é Deus, e ninguém mais do que ele sabe como é o homem.

Jesus: um homem que tem muito a comunicar

Jesus tem o coração e o espírito repletos de um mundo de coisas a comunicar. Ele sabe tudo do homem: as suas tristezas, as suas decepções, as suas aspirações mais profundas, o seu desejo de um mundo mais puro, mais decente. Sabe onde está o sentido da vida, de onde ele vem, para onde vai. Gostaria de nos pegar pela mão, de nos ajudar a percorrer o mesmo caminho dele; aliás, ele se faz nosso caminho, ajustou os seus passos aos nossos passos, acompanhando-nos como fez com os discípulos de Emaús quando, nós também, tristes e decepcionados, deixamos Jerusalém, o lugar da nossa missão, e voltamos para casa. No caminho, ele nos fala, aquece os nossos corações, abre os nossos olhos e partilha o pão conosco. Diz que está sempre conosco, se esconde nas crianças, nos velhos, nos pobres, nos doentes, nos presos, nos marginalizados. Incentiva-nos a não ter medo. Ele está à nossa espera, preparando uma casa para nós.

E de Deus, o que é que ele vai nos dizer? Uma coisa inédita: que Deus é comunhão e que o ar que ele respira é *amor*. É por amor que ele quis o homem à sua imagem. Mais: ele também quis experimentar o que é ser homem. E amou tanto esse homem que quis ele próprio pagar todas as dívidas dele, carregando a cruz, todas as cruzes, de todos os homens. E, enfim, ele nos revelou que Deus enxugará todas as lágrimas e irá fazer tudo novo, céu novo e terra nova, e será o *tudo* de *todos*.

Jesus veio nos contar tudo isso. Jesus viveu tudo isso condensado na sua vida. Quem o via, via o Pai. Tinha um amor especial aos pecadores, cultivava a amizade, manifestando pelos amigos uma ternura infinita. Sabia falar com as mulheres tão sofredoras, aceitava o carinho delas e as escolhia para anunciar os seus mistérios. Acariciava leprosos, abria os olhos de cegos a visões desconhecidas, mandava mulheres encurvadas levantar a cabeça, chamava os pobres de seus amigos e de bem-aventurados. Ele não tinha máscaras. Era infinitamente transparente. Quem estava cansado de ser homem, quem tinha perdido o sentido da sua vida, da sua humanidade, com ele recuperava o gosto, a vontade de voltar a ser homem, e homem como ele.

Jesus chegou a falar de si próprio, a escrever, por assim dizer, a sua autobiografia. Ele não disse claramente que falava de si, de seu Pai, dos seus amigos, das suas bodas, das suas ovelhas. Usando parábolas, atribuía a outras pessoas aquilo que se referia a ele próprio. Hoje sabemos disso. Sabemos que foi chamado pelo Pai de "filho amado", e essa foi uma experiência inesquecível. Ele fez de tudo, passou por diferentes profissões: foi pescador, agricultor, pastor, carpinteiro. É ele aquele semeador que joga sementes em abundância. É ele o agricultor que suplica ao Pai que não corte a figueira infrutífera, mas que tenha paciência por mais um ano. É ele o pescador que lança a rede e apanha peixes de toda espécie. É ele o pastor que chama as ovelhas pelo nome, conhece-as uma por uma, corre atrás da que se perdeu, carrega-a no colo e, com os vizinhos, expressa sua alegria. É ele que varre a casa para encontrar a moeda perdida. É ele que cava a terra para encontrar tesouros. É ele que coloca o fermento na farinha e espera ansioso que a massa cresça e se torne pão nutritivo e saboroso. É ele o "Lázaro" que se vê obrigado a comer das migalhas, disputadas com os cachorros. É ele o esposo que desposa a humanidade e manda convidar para seu banquete pobres, coxos, cegos. É ele o patrão rico em misericórdia, que perdoa montanhas de dívidas e corre a defender o devedor não perdoado. É ele que distribui talentos, fazendo-nos responsáveis por cidades e administradores da sua família. É ele o samaritano que gasta tudo o que tem para auxiliar um estrangeiro meio morto. É ele que manda para casa o fariseu carregado de mais um pecado e o publicano explodindo de alegria pelo perdão e o carinho recebidos. É ele o administrador acusado de ser infiel e de esbanjar as riquezas do Pai; ele, de fato, perdoava todas as dívidas. Perante tudo isso, havia gente que não aguentava mais, queria eliminá-lo. Jesus o sabia e então contou a parábola do dono de uma vinha que enviou os seus servidores a pedir os frutos aos empreiteiros. Mas estes apanharam os servos, os espancaram e mataram. Então o dono mandou "o seu filho bem-amado", pensando: "Ah, meu filho eles vão respeitar [...]". Mas os empreiteiros disseram uns aos outros: "Este é o herdeiro; vamos matá-lo e ficaremos com a herança". Agarrando-o, mataram-no e o lançaram fora da vinha (cf. Lc 20,9-15).

Aqui termina o diário de Jesus. Bastante resumido, na verdade, pois ele, além do que foi mencionado, foi traído, preso, julgado, condenado, morto.

Com a morte de Jesus, terminou o pesadelo para muitos. Mas outros garantiam que o tinham visto, de novo, vivo. Até juravam e estavam dispostos a dar a própria cabeça como garantia da veracidade desse fato. Falava-se abertamente de ressurreição; uns riam, outros caçoavam, mas outros acreditavam. E começou a circular o conto narrado por Jesus daquele rei (e agora os cristãos entendiam que o rei era o próprio Jesus) que julgaria todos e separaria os cordeiros dos cabritos. Agora percebia-se, com uma clareza impressionante, que o pobre das bem-aventuranças era Jesus, o preso era Jesus, o nu era Jesus, o faminto era Jesus, o excluído era Jesus.

Como podemos entender tudo isso? Quem nos dará a capacidade de penetrar no íntimo desse homem sem igual? Ele, só ele poderá se desvelar aos nossos olhos doentes. "Eu sou a luz do mundo, quem me segue não andará nas trevas, mas terá a luz da vida" (Jo 8,12).

"Se permanecerdes na minha palavra, sereis em verdade meus discípulos, e conhecereis a verdade e a verdade vos libertará" (Jo 8,31).

Gostaríamos de conhecer a verdade, toda a verdade sobre Jesus. Mas o próprio Jesus nos fez entender que isso seria impossível sem a ajuda especial do Espírito Santo. Só "o Paráclito, o Espírito Santo que o Pai enviará em meu nome, é que vos ensinará tudo e vos fará entender tudo o que eu vos disse" (Jo 14,26). Resta-nos rezar para entender as duas grandes paixões de Jesus: ele, Deus e homem, é o homem apaixonado por Deus e é o Deus apaixonado pelo homem.

Jesus, apaixonado pelo Pai

São muitas as afirmações de Jesus que nos iluminam a esse respeito. Ele dizia:

– "Não sabíeis que devo estar na casa de meu Pai?" (Lc 2,41-49).

– "Eu e o Pai somos um". "Que eles (os discípulos) sejam um, como nós somos um" (Jo, 17,22).

– "O Pai está em mim e eu no Pai" (Jo 10,38).

– "O mundo saberá que amo o Pai e faço como o Pai me ordenou" (Jo 14,31).

– "Tudo o que é meu é teu, e tudo o que é teu é meu" (Jo 17,10).

– "O que eu digo, eu o digo como o Pai me disse" (Jo 12,50).

– "Todos sejam um, como tu, Pai, estás em mim e eu em ti; que eles estejam em nós" (Jo 17,21).

– "Ninguém conhece o Filho senão o Pai, e ninguém conhece o Pai senão o Filho e aquele a quem o Filho o quiser revelar" (Lc 10,22).

– "Eu sou o caminho, a verdade e a vida. Ninguém vai ao Pai senão por mim" (Jo 14,6).

Mas como Jesus, na sua qualidade de homem, viveu o seu relacionamento com o Pai? Os evangelhos falam do segredo de Jesus, isto é, da fonte de onde ele hauria a força para fazer a vontade do Pai e dar a vida para a salvação dos irmãos.

– "De madrugada, estando ainda escuro, ele se levantou e retirou-se num lugar deserto. E ali orava" (Mc 1,35).

– "Ao raiar do dia saiu e foi para um lugar deserto" (Lc 4,42).

– "Foi à montanha para orar e passou a noite inteira em oração a Deus." Ao amanhecer, chamou seus discípulos e escolheu doze dentre eles, aos quais deu o nome de apóstolos" (Lc 6,12). – Os Apóstolos são fruto da oração de Jesus.

– "Tendo despedido as multidões, Jesus subiu ao monte, a fim de orar a sós" (Mt 14,23).

– "Um dia, Jesus estava rezando em certo lugar. Quando terminou, um dos discípulos pediu: 'Senhor, ensina-nos a rezar!'" (Lc 11,1). – Foi nessa ocasião que saiu do coração de Jesus a maravilhosa oração do Pai-Nosso (cf. Lc 11,2-4).

– "Jesus foi com eles a um lugar chamado Getsêmani [...] Foi um pouco mais adiante, prostrou-se com o rosto em terra e orou: 'Meu Pai, se é possível, que passe de mim este cálice; contudo, não seja como eu quero, mas como tu queres'" (Mt 26,36-39).

– "Jesus afastou-se pela segunda vez e orou: 'Meu Pai, se este cálice não pode passar sem que eu o beba, seja feita a tua vontade!'" (Mt 26,42).

– "Deixando os apóstolos, Jesus afastou-se e orou pela terceira vez, repetindo as mesmas palavras" (Mt 26,44).

– "Pai, em tuas mãos entrego o meu espírito" (Lc 23,46).

Esse é Jesus! Ele é apaixonado pelo Pai. Aliás, ele tem as feições do Pai e as mostra para nós.

Jesus, rosto visível do Pai

Com Cristo, manifesta-se cada vez mais no rosto de Deus as feições de Pai. Um Pai que nos ama e que vai refazer tudo, selando o mundo da morte com a novidade absoluta da ressurreição.

O Pai que faz justiça ao pequeno. Deus é o Pai de Jesus Cristo, que se fez o último de todos, o escravo (cf. Fl 2,7). O fato de ser Filho de Deus não dá a Cristo nenhum privilégio. Ele não pretende ser servido; ao contrário, se faz o servo de todos. Aquele a quem João não é digno nem de soltar a correia das sandálias não acha humilhante lavar os pés de seus discípulos. Manifestando a profundidade do seu amor, viveu aquilo que pregou: "Quem quer ser o primeiro, faça-se o último". Ninguém soube mostrar, como Cristo, a ternura do Pai, a delicadeza "materna" desse Deus para com os pequenos. É essa ternura pelos pequenos, pelos sofredores, pelos humilhados, pelos marginalizados que leva esse mesmo Pai a defender com força os seus filhos contra aqueles que os violentam, oprimem e marginalizam.

Inicialmente, veremos, o "coração" desse Pai quer em relação aos pequenos, quer aos grandes que os esmagam. Num segundo momento, veremos os gestos concretos do Pai.

O coração do Pai. Somente Jesus conhecia profundamente a força e a ternura do coração do Pai. Apresentaremos aqui três passagens: o Pai do filho pródigo, o publicano e o fariseu, a comoção de Jesus pela escolha dos pequenos.

O Pai do filho pródigo (cf. Lc 15,11-32). Na famosa e belíssima parábola do Pai à espera do filho infiel, Jesus usa como que seis pinceladas para descrever o coração do Pai que estava sempre à espera do filho distante: "viu-o de longe,/ encheu-se de ternura,/ correu-lhe ao encontro,/ o abraçou/, o beijou/ tornou a beijá-lo" / ordenando por fim, uma grande festa. Cristo não podia ser mais eficaz e penetrante.

O fariseu e o publicano (cf. Lc 18,9-14). De novo, a preferência do Pai é pelos humilhados e marginalizados. O fariseu se acha justo e se vangloria; o publicano se acha pecador e pede perdão. A "justiça" não salva o fariseu, enquanto o publicano "desceu para casa feito justo/justificado".

O Pai revela-se aos pequenos (cf. Mt 1,25). A terceira passagem reveladora do coração do Pai é aquela em que Cristo, comovido interiormente pela presença do Espírito Santo, agradece ao Pai porque, de novo, se esconde dos grandes e se revela aos pequenos. Esse Pai tanto é terno para com os pobres e os pequenos quanto é severo e inflexível para com os grandes, quando oprimem os seus filhos preferidos. O poder pode ser considerado legítimo desde que "tome conta da casa e dê comida aos cidadãos no tempo certo" (Lc 12,42). Se, ao contrário, quem detém o poder, ao invés de servir, começa a bancar o dono e a "comer, a beber, a se embriagar, a espancar" (Lc 12,45), o Pai, no tempo por ele estabelecido, virá, pegará o administrador infiel e o "cortará em pedaços" (Lc 12,46). O Cristo não poderia usar palavras mais fortes para designar a determinação desse Pai em defender os pequeninos, que ele considera como a menina dos seus olhos.

Os gestos do Pai. Além de manifestar-se por meio de intimidades e palavras, o amor, para ser verdadeiro, deve ser traduzido em gestos. Ora, os gestos do Pai são inúmeros. Apresentaremos apenas dois, mas bastante significativos.

O banquete (Mt 22,1-14). Para os hebreus, o banquete era o ponto alto da comemoração de uma grande alegria familiar ou comunitária. O Pai quer fazer uma festa com seus filhos. Motivo: as bodas do Filho, a celebração de sua entrega total à humanidade. Deus desposa-se com o homem. É a felicidade messiânica. Os convidados (o povo escolhido) recusam e se autoexcluem, alegando todo tipo de desculpas. Mas o Pai já tem o seu plano: os novos escolhidos serão os coxos, os cegos, os leprosos, enfim, os marginalizados do mundo. Quem entrar sem este sinal de reconhecimento (ser pequeno, pobre) e, ao contrário, quiser participar com "cabeça de grande", misturando-se aos irmãos pisados e lascados, será, sem misericórdia, jogado fora. Não pode pertencer ao Reino. "Amarrai-lhe os pés e as mãos e lançai-o fora, nas trevas exteriores" (Mt 22,14).

Os vinhateiros (Lc 20,9-19). A parábola dos vinhateiros mostra a mesma atitude do Pai. De novo, os "privilegiados" serão excluídos e os "marginalizados" serão escolhidos. "Os filhos serão postos fora" (Mt 8,12), e a vinha será dada a outros. "Muitos do Oriente e do Ocidente se assentarão à mesa do Reino dos céus" (Mt 8,11).

O selo definitivo: a ressurreição. A palavra última e definitiva do Pai é a ressurreição. Com ela refaz-se a justiça. O marginalizado, o injustiçado, o morto é recolocado no centro da vida. É inútil qualquer esforço feito para explorar, esmagar. O Pai vai fazer justiça. O poder pode matar, o Pai vai ressuscitar. Porque Deus é o Deus da vida. A ressurreição é a exaltação daqueles a quem a vida for tirada ou reduzida. É o selo definitivo do amor preferencial do Pai pelos pequenos, é a justiça total e definitiva.

Conclusão. Esse é o nosso Deus. Um Deus que desce. Que liberta. Que faz justiça perdoando. Que escolhe os pequenos. Que defende e enaltece os humilhados. Um Deus tão amante da vida que chega a inventar a *ressurreição*, selo último e definitivo contra todos os semeadores de morte.

Jesus, apaixonado pelos irmãos

O Evangelho nos mostra um Jesus inconformado, rebelde, revolucionário, posicionando-se contra tudo o que oprime e escraviza o ser humano. Ele é pela liberdade do homem, contra o fundamentalismo religioso, que se interessa sobretudo por aquilo que é material: sacralidade do templo, do sábado, do jejum, das abluções. O templo, mais do que o edifício de pedra, é o ser humano; o sábado é feito para servir ao homem e não vice-versa; o templo serve para a oração e não para o comércio; importante é ter o coração limpo e não as mãos. (Confira Mt 5,23: oferta ao altar; Mc 11,15-18: exploração religiosa e purificação do templo; Mc 7,1-7; abluções; Lc 11,17-44: bênçãos e impropérios contra a hipocrisia.)

Jesus é contra todas as opressões sociais (cf. as bem-aventuranças: Mt 5,1-12; Lc 6,20-26; "Ele assumiu as nossas enfermidades e carregou as nossas doenças" – Mt 8,17).

Entre o ricaço e o pobre Lázaro, escolhe Lázaro (cf. Lc 16,19-31). Entre o sacerdote e o levita que passam adiante e não socorrem um pobre assaltado pelos ladrões, Jesus escolhe o samaritano, tido publicamente como herege e pecador, mas que mostra um coração amoroso (cf. Lc 10,29-37).

Num mundo que oprime e enaltece o poder, Jesus escolhe o serviço. Quando Tiago e João querem os primeiros lugares despertando a indignação dos outros dez apóstolos, Jesus diz:

> Vocês sabem, aqueles que se dizem governadores das nações têm poder sobre elas, e os seus dirigentes têm autoridade sobre elas. Mas, entre vocês não deverá ser assim: Quem de vocês quiser ser grande, deve tornar-se o servidor de vocês, e quem de vocês quiser ser o primeiro, deverá tornar-se o servo de todos. Porque o Filho do homem não veio para ser servido. Ele veio para servir e dar a sua vida como resgate em favor de todos (Mc 10,35-45).

O programa de Jesus

Jesus lança o seu *programa* na sinagoga de Nazaré (cf. Lc 4,16-22) e no discurso da montanha (as bem-aventuranças, cf. – Mt 5,1-12).

O coração do programa é o amor a todos, também aos inimigos (cf. Lc 6,27-35). Com Jesus tudo muda. Os antigos diziam: "Olho por olho, dente por dente" (Ex 21,24; Lv 24,20; Dt 19,21). Com os mandamentos dados a Moisés, a vingança cede o lugar ao amor: "Ama o teu próximo como a ti mesmo" (Lv 19,18; Mc 12,31). Mas com Jesus o amor não tem limites: "Dou-vos um mandamento novo: Amai-vos uns aos outros como *eu* vos amei" (Jo 13,34). A medida do amor é o amor de Jesus, que "tendo amado os seus os amou até o fim" (13,1) e teve a coragem de rezar e desculpar os seus assassinos: "Pai, perdoa a eles, porque não sabem o que fazem" (Lc 23,34).

Como deverão se comportar os discípulos desse Jesus maravilhoso? Eles deverão inundar o mundo de amor, deverão ser sal (cf. Mt 5,13), luz (cf. Mt 5,14; Lc 11,33-36), fermento para dar sabor e vida a todos.

Quem vai fazer parte do banquete da vida e da casa do Pai? "Vai depressa pelas praças e ruas da cidade, e introduz aqui os pobres, os estropiados, os cegos e os coxos. [...] Vai pelos caminhos e trilhas e obriga as pessoas a entrarem, para que a minha casa fique repleta" (Lc 14,21-23).

Como à samaritana, a quem Jesus quer dar *água viva*, o Pai diz a todos nós por meio do profeta Isaías: "Ó vós todos que estais com sede, vinde às águas: vós que não tendes dinheiro, apressai-vos, vinde e comei, vinde comprar sem dinheiro, tomar vinho e leite sem nenhuma paga" (Is 55,1). E Jesus repete a todos nós: "Se alguém tem sede, venha a mim e beba. Quem crê em mim, como diz a Escritura, jorrarão fontes de água viva" (Jo 4,10).

A SEDE DO HOMEM E A SEDE DE DEUS

A vida é busca, procura. O ser humano sofre de uma sede ardente, profunda. Ele anseia ser mais, ter mais, derrubar muros e prisões. Mas não sabe, nem sequer suspeita, que Deus também está sendo devorado pela mesma sede. Só que a sede do homem é a de subir, a sede de Deus é a de descer. Ambos estão à procura: o homem à procura de Deus, Deus à procura do homem. Trata-se de um vaivém incansável. Poderíamos dizer que, afinal, o homem precisa de Deus, mas Deus também precisa dos homens.

A SEDE DO HOMEM:
O SER HUMANO À PROCURA DE DEUS

O homem, constitutivamente limitado física, psicológica e espiritualmente, sempre deseja sair dessa limitação procurando quem possa ajudá-lo a matar a sua sede de felicidade. O seu desejo de Deus é, portanto, agudo, irresistível. Poucas vezes, porém, há uma procura explícita; em geral, trata-se apenas de uma dolorosa e longa busca implícita.

Uma sede implícita

Mesmo levando uma vida tranquila ou até insignificante, mas sobretudo nos momentos mais dramáticos, o homem sente-se insatisfeito, não consegue atingir tudo o que deseja. A realidade é tirânica, mortifica inexoravelmente as suas aspirações. O homem vive perenemente entre queixa e desejo. Qual o sentido da vida, da morte, do trabalho, do prazer, das riquezas, do amor? Muitas vezes ele não sabe responder. Muitos nem se perguntam. O sofrimento, a doença, a irracionalidade dos acontecimentos parecem não ter explicação. Daí a tentativa de fuga: existirá algo ou alguém capaz de dar sentido a tudo isso? O homem não encontra em si próprio a resposta adequada aos seus problemas e, sem saber, estende as mãos no inconfessado desejo de encontrar alguém disposto a ajudá-lo.

Trata-se de uma procura implícita, de uma sede anônima que se esconde em cada busca de prazer, em cada grito, em cada sofrimento, na pergunta pelo porquê da dor, da chacina, da violência, da traição, do salário mínimo, do desemprego, da prostituição, dos meninos de rua, dos terremotos, das enchentes, dos massacres feitos por ditadores ou por povos contra outros povos. É uma procura implícita na irracionalidade de tantas coisas que pedem uma explicação. O ser humano pede ajuda constantemente, mesmo quando se joga loucamente na droga, na bebedeira, na farra. Ele quer mais, sempre mais, pois nada do que experimenta o satisfaz. No fundo encontra amargura e insatisfação. Ele está denunciando que o seu coração não consegue ser preenchido com coisas. Anônimo, implícito, surge o desejo de algo mais. Será Deus? E o que dizer quando o homem grita por justiça, reclama contra a desonestidade, luta contra a tirania? Não são todos desejos de pureza, de felicidade, de eternidade, enfim, de Deus? De um Deus talvez não conhecido pessoalmente, mas entrevisto e desejado na confusão e no tumulto do próprio coração.

Uma sede explícita

Não é fácil fugir do rosto de Deus. Caim tentou, mas não conseguiu. Judas, para não reencontrar esse rosto, cedeu ao desespero. Pedro, para reencontrá-lo, chorou a vida inteira.

Agostinho se escondeu atrás da filosofia e da retórica, mas teve de admitir que Deus era o mais forte.

> *Sero te amavi.* (Tarde demais te amei.)
>
> Tu, Senhor, nos fizeste para ti e inquieto estará o nosso coração enquanto não repousar em ti.
>
> Ó eterna verdade e verdadeira caridade, e cara eternidade! Tu és o meu Deus, por ti suspiro dia e noite.
>
> Sim, tarde te amei, ó beleza tão antiga e tão nova, tarde te amei! Eis que estavas dentro de mim e eu, fora. E aí te procurava e lançava-me eu, nada belo, ante a beleza que tu criaste. Estavas comigo e eu não contigo. Seguravam-me longe de ti as coisas que não existiriam, se não existissem em ti. Chamaste, clamaste e rompeste minha surdez, brilhaste, resplandeceste e afugentaste minha cegueira. Exalaste perfume e respirei. Agora anelo por ti. Provei-te, e tenho fome e sede. Tocaste-me e ardi por tua paz.

Catarina de Sena, introduzida por amor nos segredos mais ocultos da Trindade, fica como que encantada:

> Ó abismo, ó Trindade eterna, ó Divindade, ó mar profundo! Que mais poderias dar-me do que a ti mesmo? Tu és um fogo que arde sempre e não se consome. Tu és que consomes por teu calor todo o amor profundo da alma. Tu és de novo o fogo que faz desaparecer toda a frieza e iluminas as mentes com tua luz. Com esta luz fizeste conhecer a verdade.
>
> Tu és a veste que cobre minha nudez; alimenta nossa fome com a tua doçura, porque és doce sem amargura alguma.

> Tu és como um mar profundo, onde quanto mais procuro mais encontro; e quanto mais encontro, mais cresce a sede de te procurar. Tu sacias a alma, mas de um modo insaciável; porque, saciando-se no teu abismo, a alma permanece sempre sedenta e faminta de ti, ó Trindade eterna, cobiçando e desejando ver-te à luz de tua luz.

Outros, porém, experimentaram a noite, a dúvida, o medo.

Como já vimos, Jonas, enviado a Nínive, foge para Társis, na direção oposta; não quer saber de se envolver com Deus e com sua missão. Com ele trava quase uma luta terrível antes de se render.

Mais dramática é a situação do profeta Jeremias. Jovem demais, ele quer se esquivar de uma missão comprometedora: a de ser o porta-voz de Javé para um povo de dura cerviz. O resultado foi desastroso. "Tornei-me objeto de irrisão todo o dia" (Jr 20,7). "Ouvi muitos murmurarem, espalharem o terror [...] Os meus próprios amigos espreitam a minha queda" (Jr 20,10). Jeremias não aguenta mais e explode: "Ai de mim, minha mãe, que me deste à luz" (Jr 15,10). "Maldito o dia em que nasci [...] Por que (Deus) não me fez morrer no seio materno, de sorte que minha mãe fosse o meu sepulcro? [...] Por que saí do ventre de minha mãe para ver sofrimento e aflição e consumirem-se os meus dias na desonra?" (Jr 20,14-18). Jeremias decide: "Não falarei mais em seu nome". Mas depois deve admitir: "Mas senti no meu coração um fogo abrasador, comprimido dentro dos meus ossos; esforcei-me para contê-lo, mas não pude" (Jr 20,9). A luta de Jeremias é dramática, mas enfim ele deve ceder e a sua rendição é total: "Vós me seduzistes, Senhor, e eu me deixei seduzir; forçastes-me e vencestes" (Jr 20,7).

A busca de Deus, portanto, não é igual para todos. Os caminhos são infinitos. Uns mais fáceis, outros mais difíceis. Algumas pessoas não conseguem enxergar; outras, só no fim da vida. É sempre uma busca comprometedora, pois o resultado não afeta só as ideias, mas exige mudança de vida e de atitudes. Por isso se torna ainda mais difícil. O Evangelho nos ajudará a descobrir este homem pobre e desamparado à busca de alguém que dê sentido à sua vida. Descobriremos nele, no fundo do seu coração, uma grande fome, uma grande sede, uma profunda saudade de Deus. "Como a corça que suspira pelas águas da torrente, assim minha alma suspira por ti, Senhor! Minha alma tem sede de Deus, do Deus vivo: quando voltarei a ver a face de Deus?" (Sl 42,2-3). "Senhor, és tu, meu Deus, aquele que eu desejo desde a aurora. Minha alma tem sede de ti, meu corpo também por ti anseia como a terra deserta e árida, pedindo chuva" (Sl 62,2). "Quando eu me lembro de ti, no meu leito, passo as noites acordado para pensar em ti" (Sl 62,7). "Sim, Senhor, esperamos apenas em teu nome. A nossa alma suspira pelo teu nome e pela tua lembrança. Por ti suspira a minha alma a noite toda e meu espírito te procura desde a aurora" (Is 26,8-9). E o salmista, quase interpretando a aspiração profunda de toda a humanidade, suplica: "Deus nos dê sua graça e faça brilhar sobre nós a sua face" (Sl 66,2). Ele é um "rio de água viva" (Ap 22,1). "Quem estiver com sede venha! E quem quiser receba de graça a água da vida" (Ap 22,17). "Para quem tiver sede, eu darei de graça da fonte de água viva" (Ap 21,6). Conhecer esse Deus inefável (essa "terra distante", como se expressa a Escritura) é como "água fresca em garganta sedenta" (Pr 25,25). "Eu, diz o Senhor, vou mandar uma grande fome sobre o país: não será fome de pão nem sede de água, e sim fome de ouvir a palavra de Javé" (Am 8,11). No entanto, aqueles que recusam o Deus da vida para procurar a felicidade fora dele "irão cambaleando de um mar a outro, irão sem rumo do Norte para o Oriente à procura da palavra de Javé, e não a encontrarão [...] eles irão desmaiar de sede" (Am 8,12-13). É a tragédia do cameleiro que, no deserto, morre de sede bem perto de um oásis cheio de água: "Abandonaram a mim, fonte de água viva, e cavaram para si poços, poços rachados que não seguram a água" (Jr 2,13).

Queremos escolher Jesus?

Queremos, portanto, escolher Jesus, que se apresentou como a *água viva* à samaritana sedenta de felicidade e de carinho.

Quem é Jesus

Vamos encontrar Jesus no Templo de Jerusalém e na Sinagoga de Nazaré.

No Templo, na Festa das Tendas, o evangelista João afirma que os fariseus enviaram guardas para prender Jesus: "Alguns queriam prendê-lo, mas ninguém pôs as mãos em cima dele. Os guardas do templo foram para onde estavam os chefes dos sacerdotes e fariseus, e estes perguntaram: 'Por que é que vocês não trouxeram Jesus?'. Os guardas responderam: 'Ninguém jamais falou como esse homem'" (Jo 7,44-46).

Na sinagoga de Nazaré, Jesus lê uma passagem do livro de Isaías: "O Espírito do Senhor está sobre mim, porque ele me consagrou com a unção, para anunciar a Boa Notícia aos pobres; enviou-me para proclamar a libertação aos presos e aos cegos a recuperação da vista; para libertar os oprimidos e para proclamar um ano de graça do Senhor" (Lc 4,16ss).

Qual a reação do povo?

"Todos os que estavam na sinagoga tinham os olhos fixos nele" (Lc 4,20). "Todos aprovavam Jesus, admirados com as palavras cheias de encanto que saíam da sua boca" (Lc 4,22).

Mas outros ficaram revoltados. "Não é este o carpinteiro?", diziam. "O que pretende ser?".

Outros, mais furiosos, expulsaram Jesus da cidade e queriam jogá-lo num precipício.

É o destino de Jesus. Há quem fica encantado com ele, quem não se interessa e quem o expulsa. Nós, também, podemos ficar com os olhos fixos nele e nos encantar com suas palavras ou podemos expulsá-lo da nossa casa, do nosso coração, da nossa cidade.

Como encontrar Jesus?

Apresentamos, resumidamente, quatro tipos de encontro, que mais adiante iremos aprofundar. Mas desde já, cada um de nós pode abrir o Evangelho e mergulhar em suas páginas maravilhosas.

Há pessoas que vão à procura de Jesus:

Nicodemos (Jo 3,1-21)

– Procura Jesus.

– Fica sabendo que é preciso:

- nascer de novo;
- nascer do alto;
- e que "Deus amou tanto o mundo que entregou o seu Filho único" (Jo 3,16).

Zaqueu (Lc 19,1-10)

– Homem rico.

– Chefe dos publicanos.

– Procura saber quem é Jesus.

– Jesus se autoconvida: quer entrar na casa de Zaqueu.

– O que se disseram? O Evangelho não relata.

– Mas o efeito desse encontro fala por si: "devolvo... e partilho".

Há pessoas que encontram Jesus por acaso –

Samaritana (Jo 4,1-47)

– Dialoga com Jesus.

– "Se conhecêsseis o dom de Deus [...]."

– "Tu lhe pedirias de beber."

– "Eu sou a água viva!"

– "Senhor, dá-me desta água [...]."

– E ela corre a anunciar Jesus aos outros samaritanos.

Há pessoas que desanimam e abandonam Jesus. Ele vai à procura delas –

Discípulos de Emaús (Lc 24,13-35)

– Ficam tristes e abatidos após a morte de Jesus.

– Jesus vai atrás deles e lhes explica as Escrituras.

– Abrem-se os olhos dos discípulos.

– Jesus reparte o Pão.

– O coração dos discípulos se abrasa.

– Os dois correm a anunciar Jesus aos outros discípulos.

Há pessoas doentes que só chegam a Jesus se conduzidos por amigos (Lc 5,17-26)

Os vários encontros

À procura de Jesus à noite (Jo 3,1-21) – "Entre os fariseus havia um homem chamado Nicodemos. Era um judeu importante. Ele foi encontrar-se com Jesus, de noite" (Jo 3,1). Mais do que a indicação do período noturno, essa noite é simbólica. Significa procurar Deus na escuridão, "às apalpade-las" (At 17,27).

Depois de ter refletido muito sobre a realidade, as essências, a metafí-sica, o grande Platão se perguntava sobre a causa de tudo isso. De onde nasce o nosso espírito, qual a origem das nossas ideias? Existe alguém que seja a totalidade, a perfeição absoluta? Quem poderia afirmar isso? Como pode o infinito se misturar com o finito? Se um ser absoluto existe, como pode dar como fruto um ser relativo? A razão do filósofo se perdia; não en-contrava respostas satisfatórias para suas perguntas. Platão não conseguia enxergar. Ainda era noite para ele. Só podia entrever uma pequena luz, quase um velado desejo de encontro: "Oh! se alguém pudesse, sobre um misterioso navio, nos levar até a visão do sumo bem, lançar o nosso olhar no invisível, no insondável, no indizível! Isso seria a felicidade suprema!". Mas Platão não conseguia dar contornos concretos a essa plenitude, tanto menos reconhecê-la como um ser pessoal.

São muitos ainda hoje os Platões, para os quais a busca de Deus é feita na escuridão. A razão fica irrequieta, embaraçada, em dúvida. Aqueles que dizem ter fé nem sempre ajudam. Nem sempre vivem o que pregam. A vida deles depõe, às vezes, contra a verdade que professam. As religiões, mesmo aquelas que se apresentam como reveladas por Deus, se fazem, não rara-mente, portadoras de ideologias e de intolerância. Para muitos que procu-ram Deus com sinceridade tudo isso gera transtorno.

Outros se sentem perdidos na noite. Não encontraram ninguém que os ajudasse a procurar o rosto de Deus. Ou, depois de uma infância e juven-tude vividas religiosamente, o contato com mestres agnósticos, às vezes sarcásticos e irreverentes, os impede de ver claramente. É difícil encon-trar alguém, hoje, que afirme poder demonstrar cientificamente o ateísmo. Mesmo assim, a mente de muitos cientistas está cheia de interrogações, de dúvidas. Eles exigem provas objetivas. Não têm razões certas para negar, tampouco veem razões para afirmar. A boca de muitos se enche de amar-gura. "Certo – dizia o prêmio Nobel de física de 1996, Alfred Kastler –, em nível científico não se justificam as afirmações do ateísmo. O ateísmo não tem provas. Eu, porém, fico muito perturbado. Não posso aceitar a fé da minha infância". A noite permanece. Deus não vai apresentar uma de-monstração racional do seu existir e do seu agir. Deus e homem vivem em níveis diferentes: trata-se do infinito de um lado e do limitado do outro, do absoluto e do relativo. O finito não se pode queixar de não compreender o infinito e não pode acusar o infinito de ser obscuro só porque ele não o consegue enxergar. Na humildade de se reconhecer limitado, o homem só pode suplicar ao mistério que se revele. Jesus dirá a Nicodemos: "É preciso nascer de novo, receber nova vida do alto, deixar-se conduzir pelo Espírito" (cf. Jo 3,1-21). O Evangelho nos diz que Jesus, filho do homem e ao mesmo tempo Filho de Deus, veio em forma visível para nos mostrar o rosto invisível de Deus. "Ele era a luz verdadeira, que ilumina todo homem" (Jo 1,9). Só que "a luz brilha nas trevas, mas as trevas não a receberam [...]; (o Verbo veio ao mundo), mas o mundo não o reconheceu" (Jo 1,5-10). Porém, por mais densas que sejam essas trevas, não conseguirão abafar a luz. Jesus sabe que penetrar dentro da verdade, e, portanto de Deus, só pode ser por um presente de total gratuidade. Aos próprios discípulos Jesus dirá: "Teria ainda muitas coisas a dizer-vos, mas por agora não estais em condições de compreendê-las. Quando, porém, ele vier, o Espírito da verdade, ele vos guiará a toda a verdade" (Jo 16,12-13). É nesta noite da vida, na incapacidade metafísica de enxergar o divino, que o homem suplica: "Senhor, faz que eu veja" (Mc 10,51). Sem reconhecimento do próprio limite, o orgulho pode obcecar e impedir de pedir ajuda. O primeiro passo para chegar à verdade é reconhecer que nós ainda não a possuímos, mas podemos desejá-la e implorá-la. Enfim, é preciso nascer de novo, é preciso nascer do alto.

Subir em árvores (Lc 19,1-10) – Zaqueu era rico. Não precisava de Jesus. Mas, levado pela curiosidade, queria vê-lo. Deparava-se, no entanto, com duas dificuldades: a multidão que o impedia de aproximar-se de Jesus e sua baixa estatura. Há um simbolismo em tudo isso. Primeiro: ninguém de nós tem estatura para enxergar o invisível. É preciso subir. Segundo: a multidão muitas vezes esconde e impede; a sociedade joga fumaça nos nossos olhos, nos droga com os seus valores muitas vezes vazios, mas terrivelmente aliciadores. É preciso ficar sozinho, lá em cima, na esperança de que o Senhor passe, levante o seu olhar e convide para um encontro íntimo em casa. Foi o que aconteceu com Zaqueu; ele desceu depressa da árvore e recebeu Jesus em sua casa com alegria. O que os dois disseram um ao outro é segredo. O que nós sabemos é que, no encontro com Jesus, a vida desse homem mudou.

É interessante considerar que as partes se invertem. O homem, quando procura, se eleva, fica no alto, em cima das árvores, enquanto o Cristo se faz pequeno, simples peregrino, pedindo o favor de entrar na intimidade da sua casa. No desejo e na procura do homem e na condescendência de Deus acontece a salvação. No entanto, aqueles que pensam ser justos e sapientes, os que se dizem satisfeitos, os que não procuram mais, estes não conseguem entender; murmuram, criticam. "Vendo isso, todos começaram a criticar dizendo 'Ele foi hospedar-se na casa de um pecador" (Lc 19,7). Mas esse pecador já sabe falar com Deus e já não age como antes: ele é um homem transformado. "Eu vou devolver o que roubei e o resto vou dá-lo aos pobres", disse Zaqueu. "A salvação entrou nesta casa", respondeu Jesus (cf. Lc 19,9). A sede e a fome de Zaqueu foram premiadas. Deus é assim: "Ele despede os ricos (os satisfeitos) de mãos vazias, enquanto sacia de bens os que têm fome" (Lc 1,53), como canta Maria, que vê os olhos de Deus pousarem sobre a sua pequenez de escrava (Lc 1,48).

O jovem rico (Mc 10,17-22) – Um rapaz encheu-se de coragem e foi falar com Jesus. Queria saber como alcançar a vida eterna. "Simples", diz Jesus, "observa os Mandamentos de Deus!". "Mas eu já faço tudo isso", respondeu o jovem feliz da vida, esperando a total aprovação de Jesus, que, porém, acrescentou: "Agora, se queres ser perfeito, vá, vende todos os teus bens, dá tudo aos pobres e só depois vem e segue-me". Jesus pede três coisas: libertar-se, partilhar e se tornar discípulo. O rapaz ficou triste. Não teve coragem de fazer tudo isso.

À beira do poço de Jacó (Jo 4,1-42) – Jesus está cansado e morto de sede. Canseira e sede reais. O evangelista João lutou duramente contra os docetistas que queriam reduzir Cristo a uma mera aparência de homem. Se assim fosse, a sua humanidade, a sua sede, a sua fome, a sua dor, o seu cansaço, a sua morte não teriam sido reais, só aparentes. Uma verdadeira gozação para o ser humano, portanto.

João insiste em nos apresentar um Cristo na sua nudez e na sua fraqueza. "Dá-me de beber." Só que a sua sede vai cruzar com outra sede, a sede da samaritana. A sede dessa mulher é infinita. Tem sede de tudo: de água, de amor, de pureza, de carinho. Ela entrevê, no homem sedento que lhe pede de beber, a presença de outra água ("água viva!"). Assim os papéis se trocam. Então é ela quem suplica: "Senhor, dá-me dessa água!". Agora ela pode falar com alguém (profeta, diz ela) que lhe abre outros horizontes. O evangelista diz que esse homem (Jesus) fala, pela primeira vez na sua vida, a sós, com uma mulher. Os discípulos ficam espantados e escandalizados (Jo 4,24).

Quem é, então, esse homem, capaz de matar todo tipo de sede? Pois a sede da mulher, como vimos, é grande.

A samaritana encontrada por Jesus é uma pessoa real, mas é também o símbolo de todas as mulheres do mundo. Ela tem sede de água, por isso vai ao poço. Mas ela tem uma sede maior: sede de respeito, de dignidade. Ela é a mulher desrespeitada e humilhada, que grita a sua revolta com o seu silêncio, com o seu sofrimento milenar e com o seu pedido de água: ela é estrangeira; é herege; é pecadora. No fundo inconfessado do seu coração, ela quer ver se esse profeta vai encará-la como os outros ou se vai tratá-la em pé de igualdade, como pessoa, face a face, com apreço e carinho. E Jesus, à beira do poço, desafia a tradição, se expõe a críticas maldosas, está disposto a escandalizar os seus discípulos, mas não pode decepcionar uma mulher, que ele aprecia e ama profundamente. E a ela, que parece a dona do poço, Jesus oferece a possibilidade de ter dentro de si uma "fonte de água viva", capaz de matar todo o desejo de qualquer outra água.

A samaritana tem também uma sede ardente de carinho: ela já o havia experimentado muitas vezes. Multiplicou os maridos na esperança de poder encontrar o amor, mas o seu coração continuava insatisfeito. O fato de Jesus saber tudo isso não a humilha; antes, no olhar penetrante desse homem, ela sente todo o acolhimento e o carinho de quem, pela primeira vez, os expressa sem censurar.

Mas a samaritana manifesta também sede de Deus: ela espera um Messias que venha revelar as coisas importantes da vida, que venha dizer onde encontrar Deus, se em Jerusalém ou sobre o monte Garizim. Jesus esclarece que "aproxima-se a hora, ou melhor, já estamos nela, em que os verdadeiros adoradores adorarão o Pai em espírito e em verdade". Montanhas e templos podem ser importantes, como importantes podem ser organizações e cultos. Mas o verdadeiro centro do encontro com Deus é o coração do homem que se deixa iluminar pelo Espírito (o ar que Deus respira e que sopra no homem para que ele nasça do alto, nasça de novo) e pela verdade (que outra coisa não é senão a autêntica autorrevelação de Deus).

Os discípulos, voltando, veem um Jesus cansado e faminto: "Mestre, come alguma coisa!". Aos discípulos pasmados, Jesus explica do que ele está com fome: "Eu tenho um alimento para comer que vós não conheceis [...]. O meu alimento é fazer a vontade daquele que me enviou a realizar a sua obra". Nas bem-aventuranças Jesus falará de fome e sede. Mas trata-se de fome e sede de justiça, isto é, fome e sede de Deus e do seu Reino.

Em casa como amigos (Lc 10,38-42; Jo 11,1-2; 12,1-2) – "Senhor, onde moras?", perguntaram os primeiros discípulos. "Vinde e vede." Mas o Filho de Deus não tem casa. "As raposas têm as suas tocas, mas o filho do homem não tem nem onde pousar a cabeça." A casa de Jesus será a estrada, serão os lugarejos, as aldeias. Ele não tem casa própria. A casa dele fica onde cada um de nós estiver. Ele é imprevisível; quando menos se espera, ele bate à nossa porta, pois quer nos encontrar. Assim o fez com Lázaro, Marta e Maria. Lázaro é aquele que "Jesus ama" (Jo 11,3); "Jesus amava Marta, a irmã dela e Lázaro" (Jo 11,5). Seis dias antes da Páscoa, Jesus vai jantar com os três irmãos, e Maria, durante a ceia, perfuma os pés de Jesus, enxugando-os com os seus cabelos (Jo 12,3). Maria está com saudades das visitas de Jesus. Enquanto Marta mostra o seu amor ao Mestre nos afazeres de casa, Maria fica encantada, sentada aos seus pés, para escutá-lo. A casa torna-se, assim, o lugar do encontro, da escuta, onde Jesus gosta de manifestar os seus segredos a quem está sedento da sua palavra. Verdadeiramente "a casa enche-se com a fragrância do perfume" (Jo 12,3), mais pelo eflúvio do espírito de Jesus e do seu mistério revelado do que pelo perfume derramado. A casa tornou-se, por isso, uma pequena igreja doméstica para os primeiros cristãos. Cristo está sempre batendo à porta, pedindo para entrar: "Eis que estou à porta e bato. Se alguém ouvir a minha voz e me abrir a porta, entrarei na casa dele e cearemos juntos, eu com ele e ele comigo" (Ap 3,20). Jesus se apresenta assim como o esposo do Cântico dos Cânticos: "Abre-me, minha irmã, minha amiga, pomba minha, minha perfeita" (Ct 5,2). E as várias Marias só esperam que ele bata e entre: "Eu durmo, mas o meu coração vela. Ouço o meu amado bater" (Ct 5,2).

"Vai lavar-te na piscina de Siloé" (Jo 9,7) – Volta aqui o mistério da noite. Quem transforma a noite em dia só pode ser ele, o Cristo, pois ele é "a luz do mundo" (Jo 9,5). Os outros, todos, são cegos de nascença. A nossa cegueira é profunda e incurável. É necessário que Jesus aplique o seu unguento, algo de si, nos nossos olhos: "Jesus cuspiu na terra, fez lodo com a saliva e aplicou-o aos olhos do cego, dizendo: 'Vai lavar-te na piscina de Siloé'. Ele foi, lavou-se e voltou com a vista recuperada" (Jo 9,6-7).

Não foi o cego quem pediu para ser curado. A iniciativa foi de Jesus. Ele, que é a luz do mundo, não pode deixar os homens na cegueira. Ele se sente consagrado pelo Espírito para "dar a vista aos cegos" (Lc 4,18).

Para ver, é preciso se lavar. Não pode enxergar quem antes não procura se purificar. Às vezes não é suficiente uma simples ablução. É preciso tirar a catarata e fazer um transplante total. No lugar dos nossos olhos doentes é necessário transplantar os próprios olhos de Jesus. Passa-se a ver, então, de maneira diferente, pois "Os meus caminhos não são os vossos caminhos" (Is 55,8).

O fato de um cego começar a ver provoca transtorno entre as pessoas, suscita dúvida, levanta suspeita de fraude. No entanto, o fato de pequenos e ignorantes enxergarem, tomarem conhecimento das coisas, desperta júbilo em Jesus: "Pai, eu te agradeço, porque escondeste estas coisas aos sábios e as revelaste aos pequeninos" (Lc 10,21). Nos sábios do mundo desperta a ira. O próprio Jesus não foi aceito pelos grandes: "Pode sair algo de bom de Nazaré?". Os nazarenos não querem aceitar como enviado de Deus alguém do meio do povo, que eles conhecem muito bem: "De onde vem tudo isso? Onde foi que arranjou tanta sabedoria? E esses milagres que são realizados pelas mãos dele? Esse homem não é o carpinteiro, o filho de Maria e ir-mão de Tiago, de José, de Judas e de Simão? E suas irmãs não moram aqui conosco?" (Mc 6,2-3). O mesmo acontecerá com os primeiros discípulos. Os fariseus, vendo "a franqueza de Pedro e de João e sabendo que eram ile-trados e plebeus, ficaram estupefatos" (At 4,13). Idêntica foi a atitude dos fariseus diante do cego que passou a enxergar: duvidam dele, ameaçam, querem saber quem são seus pais, fazem de tudo para convencê-lo de que não pode vir de Deus uma pessoa que não observa a lei divina (Jesus de fato tinha feito o milagre em dia de sábado). Agora é o cego quem enxerga melhor do que os fariseus e tem algo a ensinar: "Exatamente nisso consiste o assombro: que vós não saibais de onde é, e, contudo, abriu-me os olhos [...]. Porventura, quereis vós também fazer-vos seus discípulos?". A raiva dos fariseus explodiu: "Tu nasceste todo inteiro no pecado e queres ser nosso mestre?!". E expulsaram-no da sinagoga. Quem é pego na mentira sente-se ofendido e reage com grosseria e violência. Os "donos da verdade", desmascarados, não perdoam.

A verdade procurada nem sempre corresponde à verdade "verdadeira". O que é a verdade? – perguntou Pilatos a Cristo. Será que ele queria mesmo conhecer a verdade? Só pode chegar à verdade, só pode ver a Deus quem tem olhos puros, quem tem fome e sede de justiça (cf. Mt 5,6.8). Ninguém é mais cego do que aquele que não quer enxergar ou quem quer distorcer a verdade. O interesse, a força do instinto, a vontade de poder forjam a sua própria verdade. Pode-se chegar à negação voluntária da verdade conhecida, o que Jesus chama pecado contra o Espírito. Os fariseus não queriam reconhecer os sinais de Cristo, que, portanto, é obrigado a dizer: "Eu vim a este mundo para fazer um juízo discriminatório: para que os que não veem passem a ver e os que veem fiquem cegos" (Jo 9,39). A coisa mais terrível é a negação premeditada da verdade, é a ideologização da mentira. "Se fôsseis cegos não teríeis culpa; mas vós dizeis que vedes, e assim o vosso pecado permanece" (Jo 9,41).

"Se um cego se deixa conduzir por outro cego ambos caem na fossa" (Mt 15,14). É importante saber em quem nos apoiamos, quem são os nossos mestres. Cabe-nos suplicar a Jesus como o cego: "Senhor, fazei que eu veja!".

Efatá (Mc 7,34) – "Trouxeram-lhe um surdo-mudo, suplicando-lhe que lhe impusesse as mãos. E ele, tomando-o consigo à parte, longe da multidão, meteu-lhe os dedos nos ouvidos e com a saliva tocou-lhe a língua. Depois, levantando os olhos aos céus, suspirou e disse-lhe: 'Efatá', isto é: 'Abre-te'. E imediatamente se lhe abriram os ouvidos e se desatou a prisão da língua e falava sem dificuldade."

O surdo-mudo é cortado da relação com os demais. Os outros não conseguem chegar até ele e ele não consegue chegar até os outros. Os horizontes se restringem, ele é um prisioneiro de si mesmo. Impenetrável, incomunicável: um ser humano encolhido, quase que desperdiçado, incapaz de captar as mensagens, de comunicar-se.

Cada doença suscita a compaixão de Jesus, sobretudo quando nos fechamos à Palavra e, recurvados em nós mesmos, ficamos surdos e impenetráveis à salvação. Daí precisarmos absolutamente do "suspiro" dele, ou seja, de um novo ato criador.

Evidentemente, a pior surdez é aquela de quem gosta de ser surdo e não quer saber de ouvir. Então não há diálogo, só monólogo. O próprio Deus pode multiplicar as suas palavras, mas elas não são atendidas. Depois de ter falado através dos profetas, nestes últimos tempos Deus enviou seu Filho, a sua Palavra viva. É muito significativa a esse respeito a parábola dos vinhateiros infiéis, mencionada anteriormente, em que o dono de uma vinha enviou seus servos aos lavradores para receber seus frutos. "Os lavradores, porém, pegaram os servos e espancaram a um, mataram a outro e a outro apedrejaram. Mandou de novo outros servos em maior número. Mas eles trataram-nos da mesma maneira. Por fim mandou o seu próprio filho [...] mas os lavradores pegaram-no, lançaram-no fora da vinha e o mataram" (Mt 21,35-39). A "Palavra" foi calada. Deus não consegue mais se comunicar.

A atitude mais inteligente para nós, surdos irrecuperáveis, é pedir o milagre: que Jesus, cheio de pena, "suspire" em cima de nós, coloque os seus dedos em nossos ouvidos e grite bem forte: "Efatá", "Abre-te". Abrir-se a Deus, pôr-se à escuta, colocar-se aos pés de Jesus como fez Maria de Betânia, fazer-se seu discípulo, beber daquele poço que só contém água viva. "Felizes os que ouvem a Palavra de Deus e a põem em prática" (Lc 11,28).

"Talita cúmi!" – Menina, levante-se! (Mc 5,41) – Um chefe da sinagoga, chamado Jairo, jogou-se aos pés de Jesus, implorando: "Minha filhinha está morrendo! Vem e põe as mãos sobre ela, para que sare e viva". Jesus ficou enternecido e acompanhou Jairo. Mas um mensageiro veio avisar que não adiantava mais incomodar o Mestre, pois a menina tinha morrido. O povo, em grande confusão, grita e chora. Mas Jesus diz: "Ela dorme! Eu irei acordá-la!". Muita gente ri dele. Chegando à casa de Jairo, entrou no lugar onde a menina estava, pegou-a pela mão e disse: "Talita cúmi" ("Menina, levante-se!"). A menina levantou-se imediatamente e começou a andar.

Quando um pai implora por um filho, Jesus se enternece e vai com ele ao encontro do filho doente.

Nem sempre a doença é física. Muitas vezes o filho está doente no coração. Ele está perdido na droga, no vício, na bebedeira, na farra, na prostituição. Vive de briga, de vingança. Criou um coração de pedra, insensível ao clamor dos pobres. Construiu a sua fortuna, às vezes imensa, à custa dos outros, do erário público, da venda de drogas ou de armas. Nesse caso, o pai só pode chorar. E implorar.

Muita gente, ao invés de ajudar e dar esperança, grita, chora, faz confusão. Não acredita que a pessoa "doente" possa se levantar, tornar a viver. Acusa Deus de manter-se ausente, desinteressado. E se escandaliza, faz gozação de Cristo ou chega a insultá-lo: "Salvou os outros e não consegue salvar-se a si mesmo" (Mt 27,42). "Não és tu o Messias? Salva então a ti mesmo e a nós" (Lc 23,39).

Mas Deus não perde a calma. Ele vai encontrar, na intimidade, a filha doente ou até morta. Estarão presentes, como nesse episódio evangélico, só os pais e os três apóstolos amados. Quando em casa se sofre, quando se vive um drama, este deve ser vivido na intimidade, mas com Cristo e os seus discípulos.

Jesus pegou a menina pela mão. Deus sempre nos pega pela mão. Não pensemos poder falar a uma pessoa sem lhe falar ao coração, sem pegá-la pela mão.

"Levante-se!" O único interesse de Deus é mandar-nos levantar.

"A menina começou a andar." Nossa maior alegria é recomeçar a caminhar, refazer a nossa vida, sentir-nos vivos, andar, para felicidade dos nossos pais e de toda a comunidade, que só pode louvar a Deus. "*Gloria Dei est vivens homo*", é o homem vivo que faz resplandecer a obra de Deus. A nossa maior tristeza é ver jovens doentes, mortos, sem poder levantar-se, sem poder caminhar.

"Não tenhas medo! Basta crer", continua repetindo Jesus a todos os pais que choram por seus filhos. A Deus nada é impossível; seu filho vai viver.

Como à viúva de Naim (cf. Lc 7,11-15), Jesus diz aos pais desesperados pela perda dos filhos: "Não chores". Ele é capaz de gritar "Levante-se" e "devolver à mãe" o filho que havia morrido.

"Olhai para cima e erguei a cabeça" (Lc 21,28) – Havia uma mulher que, fazia dezoito anos, sofria terrivelmente. "Andava encurvada e não podia de forma alguma levantar a cabeça" (Lc 13,11). Jesus manda a mulher se endireitar. Mas tem gente que gosta que o povo, especialmente a mulher, não levante a cabeça. O chefe da sinagoga reclama. Ele é pela lei, enquanto Jesus é pela pessoa. "Olhai para cima, erguei a cabeça." Uma religião que faz o ser humano encolher, que rebaixa o homem e pisa nele, não pode ser a religião de Jesus; só pode ser ideologia de poder interessada em manter o ser humano encurvado. Deus, no entanto, vê o sofrimento, ouve o clamor do seu povo esmagado e desce para reerguê-lo (cf. Ex 3,7). Ele vai ao encontro de quem está no "deserto, num lugar solitário e tenebroso", "cerca-o de cuidados e o guarda como a pupila dos seus olhos". "Como a águia que incita sua ninhada, esvoaçando sobre os seus filhotes, o Senhor abriu as asas e tomou seu povo e o levou sobre suas penas" (Dt 32,10-11). O lugar do homem não é lá embaixo. Ele é feito para olhar para cima e ser a glória, o resplendor do rosto de Deus. "Procurem as coisas do alto, onde Cristo está sentado à direita de Deus. Pensem nas coisas do alto, e não nas coisas da terra" (Cl 3,1-2). Vocês são grandes demais aos olhos de Deus para rastejar pelo chão. Não fiquem curvados. Levantem a cabeça!

"Vem para fora!" (Jo 11,43) – Tem gente que não acredita no homem e na sua capacidade de recuperação. Não acredita que Deus tem poder para ressuscitar os mortos, como no caso de Lázaro. Ele havia morrido e já estava sepultado. Jesus ordenou: "Tirai a pedra". "Já cheira mal, Senhor, pois está no quarto dia", responde Marta, a irmã de Lázaro. Diante de um Cristo que pede que se tire a pedra que impede a um jovem de viver, de respirar, há muita gente que duvida, desconfia, acha impossível a reabilitação. Consideram um caso perdido, um beco sem saída. A essa desconfiança se contrapõe a confiança de Jesus. Nada nem ninguém é irrecuperável ou está perdido. Pode estar até atado de pés e mãos com ligaduras. Mas se Jesus mandar, o jovem sai do túmulo e recomeça a viver.

"Gastou todo o seu dinheiro nos médicos" (Mc 5,25-34) – Jesus estava cercado por uma multidão. A certo ponto ele pergunta: "Quem me tocou?". Pedro diz: "Mas, Senhor, todos te empurram, todos te tocam!". "Não, alguém me tocou de maneira diferente!" Uma mulher busca coragem. Foi ela quem tocou Jesus, na esperança de ser curada. Ela é uma mulher que perde sangue. É um pouco de vida que se esvai a cada dia. E quem deveria curar deixa a mulher sem vida, sem dinheiro, sem sustento, sem esperança. A única esperança daquela mulher, e de tantas outras mulheres exploradas, é poder tocar pelo menos a orla do manto de Jesus. Tocar. Não à maneira da multidão. Um toque profundo e misterioso, que penetra até o centro do ser e provoca o amor e o poder de Deus a se fazer presente. "Quem me tocou?"

Existem modos e modos de tocar. Como há maneiras diversas de "ver" e de "escutar" Jesus, há maneiras diferentes de falar de Deus. Tem gente que sabe falar de Deus, mas não sabe falar com Deus; sabe falar de Jesus, mas não sabe falar com Jesus.

"Mestre, eu quero ver" (Mc 10,51) – Ver com os olhos do corpo e ver com os olhos da alma. Penetrar no mistério do mundo e no mistério de Deus. Bartimeu é o símbolo do homem que grita o seu desespero, que suplica para ser libertado da sua condição de mendigo marginalizado. O seu lugar é a beira da estrada, a sua vida depende da esmola dos outros. Ele nem pode gritar, nem pode reclamar, mandam que se cale. Mas dessa vez ele percebe que pode estar perto da salvação, que alguém está prestes a escutá-lo. Deus é aquele que escuta o clamor. Os outros ou não escutam ou mandam que o cego se cale. O chefe da sinagoga se irrita com a mulher encurvada, a multidão manda calar este cego atrevido que incomoda com a sua gritaria. Mas Jesus para, escuta, devolve ao cego o direito de falar e pergunta o que ele quer. Jesus não impõe a sua vontade. Ele poderia dar uma esmola ao cego, como fazem tantos, e continuar o seu caminho. "Chamem o cego!" Os discípulos correm: "Coragem, levante-se, porque Jesus está chamando você". Jesus dialoga, quer saber o que o cego quer. "A visão", é isso que ele quer. Jesus entende que, no fundo desse pedido, se esconde um desejo maior: poder enxergar além das coisas, penetrar no coração dos verdadeiros valores, enfim, contemplar o rosto invisível de Deus. "Vai, a tua fé te salvou." Agora, sim, Bartimeu enxerga e pode seguir Jesus pelo caminho.

A SEDE DE DEUS:
DEUS À PROCURA DO HOMEM

O ser humano, com profunda experiência do seu limite (doença, pecado, morte), grita por socorro. Ele quer ver se, além das nuvens, alguém lhe estende a mão. Muitas vezes o céu parece surdo ao clamor do homem que anda tateando. Mas é engano: "Eu vi, ouvi a aflição do meu povo" (Ex 3,7). Aliás, Deus não é resposta, não age só depois de interpelado. Ele está no início. O homem não é. É do sopro de Deus que ele nasce. É Deus quem fala, lhe indica a árvore da vida e da morte, quer para ele o paraíso, faz aliança, liberta. "Antes de tu me invocares, eu já te respondi". (Is 42,9) "Se ele clamar a mim, eu o ouvirei, porque sou compassivo" (Ex 22,26). É Deus quem primeiro vai à procura do homem. A nossa é uma resposta tardia: "*Sero te amavi...* Tarde, tarde demais te amei", dizia Santo Agostinho. A iniciativa é só e sempre de Deus. Ele também morre de sede, pois o seu coração é amor, que o obriga a se dilatar e a se doar. O homem é o ponto de chegada de Deus. A esse homem Deus continua repetindo o que já disse ao seu Filho: "Tu és o meu filho amado, em ti coloquei toda a minha felicidade" (Mc 1,11). O filho pode até sair de casa, bater a porta na cara do pai. Ele, porém, fica, à espera, sentindo uma profunda saudade. Esse é o nosso Deus!

"Tenho pena desta multidão" (Mc 6,34) – O homem é aquele que *não é*; Deus é aquele que *é*. O homem é o vazio, Deus é a plenitude. Criatura pobre, frágil, pecadora, o homem não sabe, nem pode, após a queda, colocar-se de novo de pé. É como o paralítico da piscina de Betesda (cf. Jo 5,1-18). Fazia já muitos anos (João diz 38) que ele estava lá e não aparecia ninguém que quisesse e soubesse jogá-lo nas águas da salvação. Só Jesus tem coração e poder para isso. Assim age frente às multidões famintas, assim age com cegos, surdos, mudos, coxos: gente que não enxerga, que não ouve, não fala, não anda. Deus tem pena e "desce", e desce para libertar ("Eu desci para o libertar", como se lê a respeito do povo escravo do Faraó em Ex 3,8). Rico em ternura (*dives in misericordia*, Jn 4,2), o nosso Deus não conhece fronteiras. Ele é Pai e Mãe de todos.

"Ide às encruzilhadas, mandai-os entrar" (Lc 14,23) – A vida é como um banquete que Deus tem preparado para os seus filhos amados. Muitos convidados, porém, se recusam a participar. Então Deus diz aos seus empregados: "Saiam depressa pelas praças e ruas da cidade. Tragam para cá os pobres, os aleijados, os cegos e os mancos" (Lc 14,21). O convite é para todos, para que a casa fique cheia. "Casa cheia": esse é o desejo do Pai. Banquete para todos. De graça. Por pura iniciativa de Deus. Não foram os excluídos que saíram à procura do Pai, mas o Pai foi quem saiu à procura deles. A iniciativa é só e sempre de Deus. O seu banquete (a sua felicidade, o seu amor) deve ser aberto a todos, exceto se os convidados recusarem ou não se vestirem com roupa de festa, de fraternidade, de amor.

"E todos os dias, ela saía e ficava olhando a estrada pela qual o filho tinha partido" (Tb 10,5) – Quem fica olhando, com o coração partido, cheio de saudade pelo filho há muito tempo fora de casa, é Ana, a mãe de Tobias. Ela vivia chorando pelo filho ausente e dizia: "Que desgraça para mim! Filho meu, por que deixei você partir? Você que era a luz dos meus olhos!". E ficava o dia inteiro, em cima de uma colina, à espera do filho. "Somente ao pôr do sol voltava para casa e passava a noite inteira em claro, chorando e se lamentando". E Tobit, o pai de Tobias, vendo que o filho não voltava, "começou a ficar preocupado" e "ficava contando um por um os dias". E quando, enfim, o filho apareceu ao longe, Ana, "percebendo antes de todos a chegada dele", gritou a Tobit: "Seu filho está chegando" e, sem esperar um só instante, "Ana correu e lançou-se ao pescoço do filho, dizendo: 'Vi você de novo, meu filho! Agora posso morrer'. E começou a chorar". Tobit também "se levantou e, tropeçando, conseguiu chegar até o portão". "Tobit, então, lançou-se ao pescoço do filho, chorou e disse: 'Estou vendo você, meu filho, luz dos meus olhos'". "Em seguida, Tobias entrou feliz em casa." Tobit "estava alegre". "Nesse dia, todos os judeus que viviam em Nínive fizeram uma grande festa e, durante sete dias, festejaram alegremente" (cf. Tb 10–11).

A Bíblia nos fala de Ana e de Tobit, mas eles, na verdade, estão emprestando as suas feições ao próprio Deus, nosso Pai e nossa Mãe. É Deus esta mãe que, "todos os dias", "fica olhando a estrada", à espera do filho. É Deus quem chora, considera uma desgraça a ausência do filho, fica preocupado e passa a noite inteira em claro. É ele quem conta um por um os dias, percebe a chegada do filho antes de todos. É ele quem corre, se lança ao pescoço do filho e chora, desta vez de alegria, pois voltou o filho amado, luz dos seus olhos. E, pela volta do filho, o Pai organiza uma grande festa, com duração de sete dias. Será que Deus poderia manifestar mais claramente seu amor, que o faz correr atrás do homem, seu filho, para introduzi-lo na intimidade da sua casa? É grande a sede que o homem tem de Deus, mas é infinita a sede, paixão de Deus pelo homem.

"Com muita alegria a coloca nos ombros" (Lc 15,5) – Jesus estava ansioso para nos manifestar a saudade que o Pai sente de seus filhos, por isso multiplicava as imagens para nos revelar o desejo do Pai de se encontrar com todos, sobretudo com os últimos, os excluídos, os pecadores. Trata-se de uma grande sede-saudade, antes, e de uma grande alegria-festa, depois.

> Se um de vocês tem cem ovelhas e perde uma, será que não deixa as noventa e nove no campo para ir atrás da ovelha que se perdeu, até encontrá-la? E quando a encontra, com muita alegria, a coloca nos ombros. Chegando em casa, reúne amigos e vizinhos, para dizer: "Alegrem-se comigo! Eu encontrei a minha ovelha que estava perdida.

"Acende a lâmpada, varre a casa e procura cuidadosamente" (Lc 15,8) – Para nos mostrar que Deus vai à busca do homem, que está à sua procura, que tem sede desse encontro, Jesus continua: "Se uma mulher tem dez moedas de prata e perde uma, será que não acende uma lâmpada, varre a casa, e procura cuidadosamente, até encontrar a moeda? Quando a encontra, reúne amigas e vizinhas, para dizer: 'Alegrem-se comigo! Eu encontrei a moeda que tinha perdido'" (Lc 15,8). Jesus nos fala de um Deus que está à procura: acende uma lâmpada, varre a casa, procura cuidadosamente. Pois cada pessoa é para o Pai "moeda" preciosa, amada. Ele não descansa até encontrar o que está procurando. Aí é uma festa para ele: "Alegrem-se comigo!". E faz questão de chamar amigas e vizinhas, para ninguém se sentir excluído.

"Quando ainda estava longe o pai o avistou" (Lc 15,20) – Muitas vezes o filho sai de casa, se cansa do Pai, foge à procura de prazer e de amizades. Deus não tem mais sentido para ele; pede aquilo que lhe compete por herança e parte para um lugar distante. Longe de Deus, o homem esbanja tudo numa vida desenfreada, passa necessidade, coloca-se a serviço de patrões tirânicos e, para matar a fome, chega a comer a lavagem dos porcos, quando lhe dão. No vazio mais completo, o filho reconsidera sua atitude. Talvez tenha errado. Talvez possa voltar, reencontrar uma casa e, se não um pai, pelo menos um patrão. Mas o Pai estava lá, à espera. Como o pai de Tobias, que "contava os dias". Como Ana, que ficava "olhando a estrada pela qual o filho tinha partido". Jesus diz que "o Pai avistou o filho que voltava, quando ainda estava longe". Sim, o olhar de Deus vai longe. Ele nos avista mesmo quando nós nem reparamos. Esse olhar penetrante mostra toda a saudade de Deus, Pai e Mãe do homem, seu filho, qualquer que seja a distância que os separa. "O Pai o avistou, ficou cheio de ternura, saiu correndo, o abraçou, o beijou e voltou a beijá-lo" (Lc 15,20). É a festa, a alegria do encontro. "Depressa, tragam a melhor túnica para vestir meu filho. E coloquem um anel no seu dedo e sandálias nos pés. Peguem o novilho gordo e o matem. Vamos fazer um banquete." O Pai tem pressa e quer tudo para o filho: a melhor túnica, anel, o novilho gordo, banquete, música, dança. Motivo: "Porque este meu filho estava morto e tornou a viver, estava perdido e foi encontrado". O irmão não entende e fica com raiva. Ele não tem o mesmo coração do Pai. Ele vê no irmão um concorrente, alguém que "devorou os bens (da casa) com prostitutas". Mas o Pai insiste: "Era preciso festejar e nos alegrar, porque esse seu irmão estava morto e tornou a viver; estava perdido e foi encontrado!". A alegria, a festa do Pai por ter achado o filho, é um refrão constante no Evangelho. "Alegrem-se comigo! Eu encontrei a minha ovelha que estava perdida" (Lc 15,6). "Alegrem-se comigo! Eu encontrei a moeda que tinha perdido" (Lc 15,9). "Vamos fazer um banquete. Porque este meu filho estava morto e tornou a viver; estava perdido e foi encontrado" (Lc 15,23-24). "E começaram a festa." "Haverá alegria no céu." "Os anjos de Deus sentem a mesma alegria por um pecador que se converte."

"O irmão ficou com raiva e não queria entrar" (Lc 15,28) – Para saber qual é o sentido profundo da existência humana e o verdadeiro papel do homem, era preciso que o próprio Filho de Deus viesse viver como um homem. Só o Filho de Deus podia nos mostrar quem é o ser humano, a sua grandeza, a sua missão, o seu destino. Jesus é justamente esse Deus que nos mostra o que quer dizer ser homem em plenitude e como viver em plenitude nossa humanidade. Precisávamos também de Jesus para entender o sentido de ser irmão e o papel que lhe compete. A Bíblia nos faz encontrar muitos irmãos, bons e maus: Caim e Abel, Esaú e Jacó, José e os irmãos. Muita raiva, muita briga, muita inveja entre eles. No episódio do filho pródigo, o irmão mais velho sente-se envergonhado pela conduta do irmão mais novo: fugiu de casa, batendo a porta na cara do Pai, desonrou a família, devorando "todos os bens com prostitutas". O irmão mais velho mostra-se calculador. Quer justiça. Mas o Pai também quer justiça. Só que a ideia de justiça é bem diferente para o Pai e para o irmão. O irmão quer castigo, o Pai quer perdão. Um pensa em reconstruir a ordem punindo, o outro quer reconstruir, mais do que a ordem, o filho perdido, com o amor, o perdão, a festa. As duas posições são diametralmente opostas. O Deus de Jesus Cristo não é um Deus justiceiro, vingativo, e sim um Deus sensível, misericordioso. Deus não aceita a posição do filho mais velho. Não era essa a figura de irmão que Deus tinha imaginado. Querendo, então, nos dar a imagem perfeita de irmão, Deus inventou Jesus. Ele é a imagem perfeita do Pai, cujo amor passa todo no coração do Filho. Ele é o nosso irmão, o verdadeiro, como foi pensado por Deus: o irmão que perdoa, cura, faz festa, dá a vida, até suplica por seus carrascos. "Ninguém tem mais amor do que aquele que dá a vida pelos seus amigos" (Jo 15,13). Por sorte a adúltera, Levi, o peregrino assaltado, Zaqueu cruzaram seu caminho com esse irmão verdadeiro, acusado pelos "falsos" irmãos de ser infrator, blasfemo (perdoa até pecados), amigo de publicanos e pecadores ("come e bebe com eles"). Na cruz, desculpa quem o está matando e promete o paraíso a um ladrão torturado. Assim é o nosso irmão Jesus Cristo.

"Tenho sede" (Jo 19,28) – Na cruz, com certeza Jesus estava desidratado. Tinha perdido muito sangue. A sede dele era real. Mais forte ainda, porém, era a sua sede de amor, de justiça, de salvação para todos. "Pai, que ninguém daqueles que me entregaste se perca" (Jo 6,39). "Eu manifestei o teu nome aos homens que me deste" (Jo 17,6). "Pai santo, guarda-os em teu nome" (Jo 17,11). "Consagra-os com a verdade" (Jo 17,17). "Que eles conheçam a ti, o único Deus verdadeiro, e aquele que tu enviaste, Jesus Cristo" (Jo 17,3). "Em favor deles eu me consagro, a fim de que também eles sejam consagrados com a verdade" (Jo 17,19). "Eu não te peço só por estes, mas também por aqueles que vão acreditar em mim" (Jo 17,20). "Que o mundo reconheça que tu me enviaste e que os amaste como amaste a mim"

(Jo 17,23). "Eu continuarei a tornar (o teu nome) conhecido, para que o amor com que me amaste esteja neles, e eu esteja neles" (Jo 17,26). E Jesus, "que tinha amado os seus que estavam no mundo, amou-os até o fim" (Jo 13,1). "Tenho sede!" (Jo 19,28). Esta é a grande sede de Deus pelo homem: "Eu o amarei e me manifestarei a ele" (Jo 14,21).

"Assim como meu Pai me amou, eu também amei vocês" (Jo 15,9). "Eu disse isso a vocês para que a minha alegria esteja em vocês, e a alegria de vocês seja completa" (Jo 15,11). "Vocês são meus amigos" (Jo 15,14). "Não existe amor maior que dar a vida pelos amigos" (Jo 15,13). "Eu não chamo vocês de empregados, pois o empregado não sabe o que seu patrão faz; eu chamo vocês de amigos, porque eu comuniquei a vocês tudo o que ouvi do meu Pai" (Jo 15,15). "Não foram vocês que me escolheram, mas fui eu que escolhi vocês" (Jo 15,16). E Jesus garante que vai enviar o seu Espírito: "Ele encaminhará vocês para toda a verdade" (Jo 16,13).

"O Espírito introduzirá vocês em toda a verdade" (Jo 16,13) – Jesus sabe que sozinhos não temos condição de penetrar no mistério de Deus. Os nossos olhos são fracos. Dúvida e medo entristecem o nosso coração. Precisamos de força, de coragem, de confiança. Devemos superar muitas dificuldades. A sociedade não ajuda; ao contrário, joga fumaça, ri da fé, espalha preconceitos, proclama pseudoverdades e pseudovalores. A sede do homem aumenta, mas muitos pretendem matá-la reduzindo os horizontes, eliminando o desejo de saber, de entender, de se interrogar sobre as coisas e o seu sentido último e definitivo. Para muitos, então, Deus se torna um tormento, uma ameaça. Querem que seja eliminado. Para outros, Deus é sempre um problema não resolvido que transtorna, desestabiliza a própria segurança e pede insistentemente uma resposta. Uns se escondem atrás da ciência (pseudociência, na verdade), ou atrás do tempo (só para Deus não encontram tempo), ou de outras ocupações urgentes. Outros, enfim, têm a coragem de se questionar. O problema de Deus urge: "Eis que estou à porta e bato!".

Os convidados "não têm tempo" (Lc 14,18) – "Oxalá ouvísseis hoje a sua voz!" "Não fecheis os vossos corações!" (Sl 94,8). Deus prepara para o homem um grande banquete. Ele chama todos à sua intimidade. Quer que todos se sintam em casa. Mas os convidados "todos, unânimes, começaram a se desculpar: Comprei um terreno... Comprei cinco juntas de bois... Casei-me... Peço-te que me dês por escusado". Para esses, Deus fica em segundo plano. Mas ele não desanima e envia os seus servos: "Ide, pois, às encruzilhadas e convidai todos os que encontrardes" (Mt 22,9). Lucas indica quem são os novos convidados: "Vai depressa pelas praças e ruas da cidade e introduz aqui os pobres, os estropiados, os cegos e os coxos" (Lc 14,21). É grande demais a festa que Deus preparou para os seus filhos. Ninguém deve ficar excluído. Exclusão é coisa de homens e não coisa de Deus. Por isso o Senhor manda continuamente à procura de quem ainda não foi convidado ou se faz de surdo: "Vai pelos caminhos e trilhas e manda todos entrar, para que minha casa fique repleta" (Lc 14,23).

Chama cada uma das suas ovelhas pelo nome (Jo 10,3) – Em nossa sociedade, o nome se tornou rótulo, etiqueta. É critério técnico para distinguir pessoas; não corresponde a nenhuma qualidade profunda da pessoa. Para os índios, no entanto, há o período do anonimato e o período do nome. No primeiro, o ser humano só vive, mas não existe; vegeta, mas não tem autonomia, não se possui a si mesmo. Não é alguém; é ainda "filho de fulano de tal". Precisará crescer, passar um longo tempo de iniciação para descobrir quem ele é de verdade. Será ele próprio a se dar um nome capaz de "revelar" o seu "eu" mais profundo. O nome que ele próprio se dá tem a finalidade de expressar o que ele é de verdade. No contexto revelado acontece o mesmo. O nome indica tudo o que caracteriza aquele que o possui: sua natureza profunda, seus atributos. Deus, portanto, não é um nome vazio; expressa o "Eu sou", o existente por natureza. Esse nome só pode caber a ele, a ele somente. O nome de Jesus (o Deus que salva) revela quem ele é, o que ele faz, qual a sua missão própria e exclusiva.

Na visão evangélica, cada ser humano tem uma sua individualidade – uma natureza, uma missão própria, que compete a ele, e a ele somente. Só a pessoa sabe qual é o seu nome íntimo, aquele que encerra e expressa a totalidade do seu eu. Mas Deus também penetrou nesse segredo. "Mais íntimo (*intimior*) a mim do que eu a mim mesmo", dizia Santo Agostinho. Ele sabe sim o meu nome e "chama cada uma de suas ovelhas pelo nome". O chamado dele não é anônimo, não é coletivo e, sim, profundamente pessoal. O seu discurso é pessoal, o seu olhar é pessoal, o seu carinho é pessoal. Nós fomos pensados, amados, escolhidos antes da criação do mundo (cf. Ef 1,4). Ele carrega cada um de nós nos ombros. Ele aceita que cada um de nós se incline sobre o seu peito e entre nos seus mais íntimos segredos, como fez com o discípulo amado. O "apelido" inventado por ele diz ainda mais quanto eu lhe sou caro. "Darei uma pedrinha branca a cada um. Nela está escrito um nome, um nome novo, que ninguém conhece; só quem recebeu" (Ap 2,17).

O nome não é, portanto, algo de diferente, de separado da pessoa. É como a sua definição, a sua revelação. Jesus, Logos, Verbo, Palavra de Deus – esses nomes expressam a essência de Deus, é sua revelação, sua manifestação. Jesus não é palavra diferente de Deus, mas revelação da maneira de ser de Deus que, feito carne, se doa e salva. O nome de Deus, a sua essência mais íntima, é o amor (1Jo 4,16). Cristo, palavra, nome humano do Pai, é o "amor de Deus em nós". Ele veio para nos introduzir na realidade de Deus, pois "ninguém conhece o Pai senão o Filho e aquele a quem o Filho o quiser revelar" (Mt 11,27). Além disso, Jesus promete nos dar o seu mesmo Espírito, aquele que constitui como que o seu respiro, o ar dos seus pulmões. Ele será o Consolador, o Advogado. "Quando vier o Espírito da verdade, ele encaminhará vocês para toda a verdade" (Jo 16,13).

"Quanto deves ao meu senhor?" "Cem!" "Escreve cinquenta!" (cf. Lc **16,5-6**) – O capítulo 15 de Lucas pode ser considerado o coração do Evangelho. Como já vimos, é ele, Jesus, quem vai à procura do tesouro escondido, da pérola perdida, da ovelha perdida. É ele, Jesus, quem pinta o verdadeiro retrato do Pai, que avista de longe o filho perdido, se enternece, corre ao seu encontro, envolve seus braços no pescoço dele, beija-o e volta a beijá-lo. Mas Jesus vai além. Ele fala de "um administrador que foi denunciado por estar dissipando os bens" do seu patrão. Este último chama o servo "infiel" e quer saber o que está acontecendo. A acusação é verdadeira, mas, coisa curiosa, esse administrador da parábola é o próprio Jesus. É ele, de fato, quem "convocou os devedores do seu senhor um a um e disse ao primeiro: 'Quanto deves ao meu senhor?' 'Cem barris de óleo', respondeu ele. Disse então: 'Toma tua conta, senta-te e escreve depressa cinquenta'. Depois disse a um outro: 'E tu, quanto deves?' 'Cem medidas de trigo', respondeu. Ele disse: 'Toma tua conta e escreve oitenta'". É Jesus quem reduz as nossas dívidas e responde ao Pai falando em nosso favor.

Um Deus oculto: quem vai nos ajudar a encontrá-lo? – "Verdadeiramente vós sois um Deus oculto, Deus de Israel, ó Salvador!" (Is 45,15). O

Senhor fez tudo às claras. "Eu não falei em segredo, nem nalgum canto escuro da terra" (Is 45,19). Mas, como Zaqueu, somos todos baixos de estatura. Ninguém tem olhos bastante penetrantes para se aventurar no profundo segredo de Deus. Ninguém pode dizer que viu a Deus. Ele está longe demais, além de qualquer imaginação nossa e, ao mesmo tempo, ninguém está tão perto de nós, ninguém nos é mais íntimo do que ele. Deus é o mais distante e o mais próximo. Dele não podemos dizer nada e, ao mesmo tempo, podemos dizer que é o nosso tudo. Ele é a luz mais clara, mas os nossos olhos ficam obscurecidos e não conseguem enxergar. "Ele é a luz verdadeira que ilumina todo homem que vem a este mundo" (Jo 1,19). Mas nós somos como cegos que andam tateando, que confundem homens com árvores (cf. Mc 8,24). É importante que alguém nos pegue pela mão e nos diga: "Coragem! Ele te chama. Levanta-te" (Mc 10,49).

"Queremos ver Jesus" (Jo 12,21) – Alguns pagãos vêm falar com Filipe; eles desejam "ver" Jesus. Filipe chama André e juntos apresentam os recém-chegados a Jesus. Todo o mundo fica surpreso. O que é que Jesus irá dizer? Qual o segredo que ele irá revelar? Ele irá mostrar somente a sua face, as suas feições exteriores, ou irá manifestar o seu coração, o seu mundo, a sua missão, enfim o que ele é de verdade? Jesus deve ter deixado os seus ouvintes espantados. Ele, Messias, Salvador e Libertador do povo, diz que chegou a "hora" de ser "levantado". Para dar fruto, ele deve cair na terra e morrer, como um grão de trigo. Os seus discípulos não terão outra sorte: "Se alguém quer servir-me, siga-me". "Quem ama sua vida a perde, mas quem odeia a sua vida neste mundo guardá-la-á para a vida eterna." O seguidor de Cristo, porém, não deve ter medo, pois "Se alguém me serve, meu Pai o honrará". Não é fácil entender e, sobretudo, viver tudo isso. O próprio Jesus se sente angustiado: "Minha alma está agora conturbada!". Mas Jesus acrescenta: "Que direi? Pai, salva-me desta hora? Mas foi precisamente para esta hora que eu vim". "Tende fé", diz Jesus, "pois quando eu for elevado da terra atrairei todos a mim." Os judeus ficam desnorteados: "Quem é este Filho do Homem?". "Sabemos que o Cristo permanecerá para sempre", e como é que Jesus fala em morte? Os pagãos devem ter ficado impressionados. A quem dar razão? A Jesus ou aos judeus? Como entender que morrer por amor aos irmãos é coisa de Deus, dom dele, verdadeira semente de vida? Jesus não modifica a sua posição e acrescenta: "Por pouco tempo a luz está entre vós. Caminhai enquanto tendes luz para que a escuridão não vos alcance: quem caminha no escuro não sabe para onde vai! Enquanto tendes a luz, crede na luz, para vos tornardes filhos da luz".

A presença de Filipe e André, dois discípulos que acreditavam em Jesus e na sua mensagem e, como ele, estavam dispostos a dar a vida por amor, deve ter ajudado os pagãos a entender melhor quem era Jesus e qual o sentido da vida.

"Senhor, mostra-nos o Pai" (Jo 14,8) – Não existe olho humano capaz de penetrar no invisível. Desvelar Deus só é possível a Deus. "Não foi a carne ou o sangue que te revelaram isto, e sim meu Pai que está no céu" (Mt 16,17). Ele esconde o seu mistério aos sábios e o revela aos pequeninos (Lc 10,21). "Ninguém conhece o Filho, senão o Pai, e ninguém conhece o Pai, senão o Filho e aquele a quem o Filho o quiser revelar" (Mt 11,27). Paulo, com senso de infinita gratidão, pôde escrever: "Aquele que me separou desde o seio materno e me chamou por sua graça houve por bem revelar em mim o seu Filho, para que eu o anunciasse entre os gentios" (Gl 1,15-16). "O Evangelho por mim anunciado não é segundo o homem, mas por revelação de Jesus Cristo" (Gl 1,11-12). Deus, porém, se revela não para ficar sequestrado dentro de nós, mas para que o levemos aos outros. Paulo não tem sentido senão como transmissor aos outros da graça infinita de um Deus que ama de graça, perdidamente. Tendo experimentado o amor apaixonado de Cristo e do Pai, o Apóstolo sente a urgência de levar esse amor aos outros, de gritar a todos, especialmente aos pagãos, "as insondáveis riquezas de Cristo" (Ef 3,8). "Ai de mim, se eu não anunciar o Evangelho!" (1Cor 9,16). Jesus passava as noites em colóquio com o Pai, pois só dele recebia luz e força na sua missão. Este é o único caminho para quem quer continuar essa missão: entrar constantemente em sintonia com o Pai para ser devorado pela louca paixão que movia Jesus. "Senhor" – dizia Filipe – "mostra-nos o Pai e isso nos basta!".

"Subiram ao telhado e, por uma abertura entre as telhas, o fizeram descer diante de Jesus" (Lc 5,19) – O Evangelho está cheio de fatos que mostram o descaso do irmão pelo irmão: sacerdote e levita abandonam semimorto o homem assaltado, o chefe da sinagoga repreende a mulher encurvada que pede a cura em dia de sábado, o cego Bartimeu recebe a ordem de se calar, as crianças são impedidas de se avizinhar de Jesus, o irmão mais velho não aceita o perdão do pai ao irmão que havia fugido de casa. É o antievangelho. O caso do paralítico na piscina de Betesda (Jo 5,1-18) é sintomático. Está lá esperando que alguém o jogue na piscina. São 38 anos de espera inútil. Ninguém tem coração. Só Jesus se enternece. Mas de novo o poder invoca a lei para oprimir, mostrando toda a sua crueldade para com quem quer se levantar: "É sábado e não te é permitido carregar teu leito".

Começamos a viver o Evangelho quando o outro (o próximo) se torna o centro do nosso coração. A cura do paralítico de Cafarnaum (cf. Mc 2,1-12) deve ter impressionado profundamente os primeiros discípulos. Quem operou o milagre? Certamente foram o amor de Jesus e a fé do paralítico. Mas o que tornou isso possível foi o milagre da amizade. Quatro pessoas carregando um irmão doente. A multidão, como sempre, impedindo o encontro com Jesus. Os quatro poderiam desistir. Eles já haviam feito o possível. Tentariam outra vez. Mas quem ama não pode desistir. Deve encontrar o jeito de conseguir o que quer. O valor posto em jogo é alto demais. O amigo é amigo, não pode ser abandonado quando a salvação está tão próxima. É preciso inventar uma maneira de realizar o encontro com o Salvador. Quem ama de verdade aciona coração e imaginação e, eis aí, os quatro operam o verdadeiro milagre, sobem ao teto, descobrem o telhado, fazem um buraco e com cordas descem o amigo para dentro da casa, na frente de Jesus. E Jesus cura, ao mesmo tempo, a alma e o corpo do doente.

Esta parece ser a verdadeira missão do cristão: ajudar o irmão a encontrar Jesus, subindo telhados, abrindo buracos, desafiando dificuldades.

Barnabé dirigiu-se a Tarso em busca de Saulo (At 11,25) – Uma das criações mais belas de Deus é a amizade. Ter um amigo é participar da alegria profunda que o Espírito de Deus produz amando. Deus ama porque ele é amor. Sem nada esperar como compensação. Gratuitamente. Não é resposta ao nosso amor. Ele não nos ama porque somos bons, mas porque ele é bom e quer "realizar por nós infinitamente além do que pedimos ou pensamos" (Ef 3,20). Ser amigo é reproduzir essa capacidade que é prerrogativa do Espírito Santo e que ele deposita em nós. "Pela graça fostes salvos" – repete Paulo – "e isso não vem de vós, mas é dom de Deus" (Ef 2,8). "Deus, rico em ternura, nos amou quando estávamos mortos em nossos pecados, e nos vivificou juntamente com Cristo – gratuitamente! – e com ele nos ressuscitou" (Ef 2,3).

Ser amigo é reproduzir essa característica própria de Deus. É amar, ir ao encalço do outro. Paulo experimentou de maneira única o que é ter alguém que vai ao seu encalço, pega-o pela mão, levanta-o do chão, leva-o até Damasco, faz cair as escamas que impedem seus olhos de enxergar. É o milagre da amizade. Profundamente transformado, Paulo então "começou a anunciar o nome de Jesus" (At 9,20). Sua atitude causou indignação entre os judeus – por o considerarem um traidor –, suspeita e medo entre os cristãos – que não confiavam na sua conversão. Precisou fugir de Damasco, numa fuga memorável, de noite, dentro de um cesto, descido de cima dos muros da cidade. Mas a suspeita dos discípulos continuou. Paulo deve ter sofrido terrivelmente. "Então, Barnabé tomou-o consigo, levou aos apóstolos e contou-lhes como, no caminho, Saulo vira o Senhor que lhe falara, e com que firmeza ele havia pregado em Damasco em nome de Jesus" (At 9,27). Paulo, "daí em diante, ia e vinha entre eles em Jerusalém, e pregava com firmeza o nome do Senhor" (At 9,28). É isso que faz o amigo: reivindica para o amigo o direito de "ir e vir", defende a liberdade dele. De outro lado, o papel da autoridade, no caso dos Apóstolos, é justamente assegurar o direito dos irmãos na comunidade, sobretudo dos mais excluídos.

Diante das novas ameaças, dessa vez por parte de pagãos, Paulo voltou para Tarso, sua cidade natal.

É aí que, depois de vários anos, Barnabé foi buscá-lo. Assim, Paulo, graças a seu grande amigo, retomou a missão que Jesus lhe confiara e se tornou o grande apóstolo dos gentios.

É esta a filosofia do amor: quem ama faz amar. Quem encontrou Jesus só deseja levar a ele o maior número de pessoas possível. Ter tudo na vida e não encontrar Jesus é a maior desgraça. Encontrá-lo é a maior riqueza. E quem o encontra fica a tal ponto fascinado, que corre a espalhar aos quatro ventos a alegre notícia (o Evangelho) da sua presença. E o anúncio se espalha em cascata.

No evangelho de São João (1,19-51) encontramos um dos exemplos mais lindos a esse respeito.

João Batista encontra Jesus e reconhece nele o "Cordeiro de Deus", aquele que vai batizar no Espírito Santo. Ouvindo isso, dois discípulos de João imediatamente vão atrás de Jesus. "Que estais procurando?" "Rabi, onde moras?" "Vinde e vede". "Eles foram e viram onde morava e permaneceram com ele, aquele dia." João fica seduzido e vai chamar seu irmão Tiago. André também fica seduzido, volta para casa e corre contar tudo ao seu irmão Simão: "Encontramos o Messias". "E ele o conduziu a Jesus." E Jesus, fitando-o, disse-lhe: "Tu és Simão [...]; chamar-te-ás Cefas". No dia seguinte Jesus encontra Filipe: "Segue-me". Filipe encontra Natanael e lhe diz: "Encontramos aquele que tem de vir, Jesus, o filho de José, de Nazaré". "Pode sair algo de bom de Nazaré?" "Vem e vê", lhe responde Filipe. O encontro é formidável e Natanael é obrigado a exclamar: "Rabi, tu és o Filho de Deus, tu és o Rei de Israel". O discípulo que encontra Jesus de verdade se torna "contagiante". Não aguenta manter apenas para si a chama do amor que lhe arde no peito. Como os discípulos de Emaús, ele repete: "Não ardia o nosso coração quando ele nos falava pelo caminho, quando nos explicava as Escrituras?". E como os dois, ele corre, "na mesma hora", para anunciar a todos que Jesus está vivo e é reconhecido quando se reparte o pão. Reconhecer Jesus no caminho, nas Escrituras, no pão partilhado, acompanhar os irmãos desanimados, reanimar os desesperados, espalhar esperança, tirar as injustiças, lutar pela vida, fazer que o alegre anúncio de Deus penetre em todos os ossos ressequidos e preparar o grande banquete para as bodas do Cordeiro com a humanidade, para que a vida, desde já, se torne uma grande festa – é este o grande sonho do cristão, pois essa é a promessa do Pai.

Um amor concreto

Jesus não brinca. Ele tem palavras e ações criadoras. Realizam o que dizem. Aqui vai um breve resumo daquilo que já vimos.

As palavras de Jesus

Tudo o que Jesus disse é Evangelho, Boa Notícia. Mas algumas palavras são criadoras, realizam o que expressam.

Levanta-te! É o que Jesus disse ao filho morto da viúva de Naim e à filhinha de Jairo. É, igualmente, a palavra que Jesus continua a dizer a todos os jovens e crianças sobre os quais tantos pais e tantas mães choram. E é a palavra que nós também somos convidados a repetir sobre jovens e crianças mortos física ou espiritualmente. Como Jesus, nós podemos pegar pela mão esses nossos irmãos mortos, gritar o nosso "Levanta-te", fazê-los ressuscitar e devolvê-los à mãe, ao pai.

Sai fora! diz Jesus a Lázaro. Sai fora desse túmulo! "Já cheira mal", lembra Marta. "É um caso perdido", dizem outros. Para Jesus ninguém está perdido. A todos ele quer e pode dar a vida novamente.

Vem aqui no meio! Os homens provocam divisões e marginalizam até em nome de Deus. Na sinagoga de Cafarnaum estava acontecendo a mesma coisa. Um aleijado não tinha direito de estar com os outros. O seu lugar era fora. Jesus não podia tolerar isso. O seu papel era recolocar o ser humano *no meio*. Ordenou então: "Vem aqui no meio!". E a sua missão continua a ser a mesma: ele quer nos recolocar no meio do coração de Deus e no meio do coração dos irmãos.

Efatá (abre-te)! O Evangelho está cheio de cegos, de surdos, de mudos. Eles sofrem terrivelmente a solidão. Não conseguem se comunicar. Jesus toca nesses irmãos marginalizados e diz: "Efatá". Ele continua também hoje a gritar o seu "Efatá" a tanta gente que não enxerga, não ouve, não fala. E muitas vezes não enxerga a beleza de Deus, não ouve a Palavra de Deus, não fala a língua de Deus.

As ações de Jesus

Jesus cura – "Jesus percorria toda a Galileia, ensinando em suas sinagogas, pregando o Evangelho do Reino e curando toda e qualquer doença ou enfermidade do povo. Sua fama espalhou-se por toda a Síria, de modo que lhe traziam todos os que eram acometidos por doenças diversas e atormentados por enfermidades, bem como endemoninhados, lunáticos e paralíticos. E ele os curava" (Mt 4,23-24). "E todos os que sofriam de alguma enfermidade lançavam-se sobre ele para tocá-lo" (Mc 3,10). "Em todos os lugares onde entrava, nas aldeias, nas cidades ou nos campos, traziam-lhe os doentes nas praças, para que os curasse, rogando que lhes permitisse ao menos tocar na orla da sua veste. E todos que o tocavam ficavam curados" (Mc 6,56).

Jesus lava os pés – Lavar os pés dos hóspedes era papel do escravo. Antes de dar tudo, até a vida, Jesus quer mostrar o sentido dessa vida doada. É um serviço de amor, manifestado até mesmo no gesto mais humilde. Pedro reclama: "Não vais lavar meus pés, nunca!". Mas ninguém detém Jesus. "Compreendeis o que vos fiz? Vós me chamais de Mestre e Senhor e dizeis bem, e eu o sou. Se, portanto, eu, o Mestre e o Senhor, vos lavei os pés, também deveis lavar-vos os pés uns aos outros. Dei-vos o exemplo para que, como eu vos fiz, também vós o façais".

Jesus dá o pão – "Tenho compaixão da multidão [...]. Não quero despedi-la em jejum, temo que possa desfalecer pelo caminho." E aos discípulos que lhe sugerem despedir o povo, Jesus diz: "Dai-lhes vós mesmos de comer!". Mas eles têm apenas poucos pães e alguns peixes. A Jesus isso basta. O importante é que demos o pouco que temos. Ele irá fazer o resto. O pão será dado a todos e até sobrará (cf. Mt 14,13-21; 15,32-39).

Jesus se torna Pão – Para Jesus não é suficiente dar o pão, ele se torna pão. "Em verdade, em verdade, vos digo: não foi Moisés quem vos deu o pão do céu; porque o pão de Deus é o pão que desce do céu e dá a vida ao mundo. Eu sou o pão da vida. Quem vem a mim, nunca mais terá fome e o que crê em mim nunca mais terá sede. Eu sou o pão da vida, o pão vivo descido do céu. Quem comer deste pão viverá eternamente. O pão que eu darei é a minha carne para a vida do mundo. Em verdade, em verdade vos digo: se não comerdes a carne do Filho do homem e não beberdes o seu sangue, não tereis a vida em vós. Quem come a minha carne e bebe o meu sangue tem a vida eterna e eu o ressuscitarei no último dia. Pois a minha carne é verdadeira comida e o meu sangue verdadeira bebida. Quem come a minha carne e bebe o meu sangue permanece em mim e eu nele" (Jo 6,32-56).

Na cruz, um abraço definitivo e total a toda a humanidade – Parece incrível, mas o amor de Jesus revela-se em sua total grandeza quando ele, crucificado, estende as suas mãos num abraço de carinho e salvação a toda a humanidade. Nesse momento, poderíamos reconstruir e escutar o testemunho do centurião que comandou a execução de Jesus. Ele parece dizer: "Eu sou aquele centurião que estava ao pé da cruz quando Jesus morreu. Eu assisti a tantas execuções de delinquentes, assassinos, rebeldes. Eu não conhecia Jesus. Eu era só um centurião às ordens do governador. Mandaram-me crucificar três condenados à morte e eu o fiz como sempre, sem dó nem remorso. Os dois, ao lado dele, se contorciam, gritavam de dor, um deles blasfemava. Jesus olhava para o céu. Em certo momento o ouvi consolar um dos dois ladrões: 'Hoje estarás comigo no paraíso', e logo depois gritou: 'Pai, perdoa a eles pois não sabem o que fazem!'. Enfim, confiou sua mãe a João e se ofereceu ao Pai, dizendo: 'Pai, em tuas mãos entrego o meu espírito'. Eu fiquei como que paralisado. Nunca tinha assistido a uma morte como essa. Não podia ser a morte de um ser humano comum; havia nela algo de superior, de divino. Por isso eu gritei: 'Este homem só pode ser o Filho de Deus!'".

Jesus continua

Jesus foi dado à humanidade, mas a toda a humanidade, de todos os tempos. A nós também. Ele disse "Eu estarei convosco todos os dias até o fim do mundo" (Mt 28,20). E a humanidade é como que o novo Corpo de Cristo, a sua maneira misteriosa de existir hoje.

O NOVO CORPO DE JESUS: A IGREJA (1COR 12)

Jesus tinha falado do seu povo, da sua comunidade, da sua nova família, fundada não mais sobre o sangue ou a raça, e sim sobre a vontade do Pai e sobre o Espírito Santo.

Ele iria fundar a sua nova Comunidade, a sua nova Assembleia ou, como se diz em grego, a sua Igreja. Simão terá o nome mudado para Pedro, pois ele será a pedra sobre a qual Jesus irá fundar a sua nova Comunidade (cf. Mt 16,13-20).

E Jesus multiplicou as imagens para nos dizer o que ele entendia por Igreja.

Assim, comparou a sua Igreja a um *redil* (cf. Jo 10,1-6), do qual somente ele é a *porta* de entrada e do qual ele próprio é o *pastor*, que faz tudo por suas ovelhas, até mesmo dar a vida. "As ovelhas ouvem a sua voz e ele chama cada uma pelo nome e as conduz para a pastagem [...]; ele caminha à frente delas e estas o seguem, porque conhecem a sua voz".

A Igreja é como uma *lavoura* do Senhor. Jesus é o semeador e nós somos o terreno chamado a dar fruto. Só que uns são terreno pedregoso, outros estão cheios de espinhos, outros expostos ao vandalismo dos viajantes. Uns não produzem nada, outros produzem pouco, outros produzem muitos frutos (cf. Lc 8,11-15).

A Igreja é como um *edifício*, do qual Cristo é a pedra angular, os doze Apóstolos são os alicerces e os discípulos são pedras vivas (cf. 1Cor 3,9; Ap 21,3.14; 1Pd 2,4-5): "Chegai-vos para ele, a pedra viva, rejeitada, é verdade, pelos homens, mas diante de Deus eleita e preciosa. Do mesmo modo, também vós, como pedras vivas, constituí-vos em um edifício espiritual".

A Igreja é a *Jerusalém Celeste*, a *Cidade Santa*, é como um *céu novo* e uma *nova terra* (cf. Ap 21).

A Igreja é a *nossa mãe* (Gl 4,6; Ap 12,17) e nós somos os seus filhos amados.

A Igreja é a *esposa* do *Cordeiro* (Ap 19,7; 21,9). Pertence só a ele. Não pode pertencer a outros.

A Igreja é como uma *videira*.

> Eu sou a videira verdadeira e meu Pai é o agricultor. Todo ramo em mim que não produz fruto ele o corta, e todo o que produz fruto, ele o poda, para que produza mais fruto, ainda. Permanecei em mim, como eu em vós. Como o ramo não pode dar fruto por si mesmo, se não permanecer na videira, assim também vós, se não permanecerdes em mim. Eu sou a videira e vós os ramos. Aquele que permanecer em mim e eu nele produz muito fruto; porque sem mim nada podeis fazer (Jo 15,1-5).

A Igreja é o *Corpo de Cristo.* Cristo é a cabeça, nós somos membros desse Corpo.

> O corpo é um só e, não obstante, tem muitos membros, mas todos os membros do corpo, apesar de serem muitos, formam um só corpo. Assim também acontece com Cristo. Pois fomos todos batizados num só Espírito para ser um só corpo, judeus e gregos, escravos e livres; e todos bebemos de um só Espírito" (1Cor 12,12-13; cf. 1Cor 12,14-30; Rm 12,3-5; Ef 4,12-16).

A finalidade da Igreja: a construção do Reino

A finalidade da Igreja é a de dar continuidade à presença de Cristo no mundo e dar prosseguimento ao seu Projeto. Ora "Cristo veio para proclamar o Evangelho de Deus: o tempo está realizado e o Reino de Deus está próximo. Convertei-vos e crede no Evangelho" (Mc 1,14-15).

Converter-se, acreditar que a maneira de viver sonhada por Deus é possível, pois o próprio Filho de Deus a experimenta e a indica a todos nós.

Um projeto simplesmente humano, desligado do transcendente, que tenha a pretensão de bastar-se a si mesmo, não dá certo. O homem que expulsa Deus da sua vida sai menos homem, está fadado ao fracasso, ao perigo, ao medo. Eliminando Deus, o mundo dos valores, do sentido, da ética, da religião, fica perigosamente excluído ou relegado à esfera privada. A ciência e a técnica iluminadas apenas pela razão; a economia preocupada exclusivamente com a eficiência e a maximização do lucro, a política desligada da ética tornam-se desumanas, antissociais, egoístas, opressoras. Muitas vezes ciência, biologia, arte, mídia, ecologia são consideradas autônomas, desligadas da ética, e não como um todo a serviço da humanização do mundo. O homem vive, então, decepcionado, tomado pelo medo, pela insegurança; o mundo é submetido a uma crise profunda: o valor de uma pessoa consiste no ter, no poder, na eficiência, no resultado, e o ser humano é reduzido a coisa.

Daí a revolta, a indignação ética, o grito da cidadania, dos excluídos, a necessidade de voltar a uma ética na política, na economia, na ciência; de voltar ao mundo do sentido, dos valores, do projeto de vida global. Enfim é preciso lançar-se decididamente no Projeto Reino.

O Projeto Reino não quer eliminar o ser humano e os seus valores (personalismo, subjetividade, criatividade, dignidade, responsabilidade); antes, assume tudo isso e o enriquece de um valor infinito, do próprio valor de Deus.

Quem possui a mentalidade de Reino, não para na lei, no racional, no técnico. A sua lei não é mais uma norma escrita e sim uma pessoa viva: Jesus Cristo, o Deus-homem. Ele busca o metatécnico, o metarracional, o humano total, o afetivo (com ternura e sem medo), o solidário, o comunial (a partir dos excluídos). O piramidal cede lugar ao circular, o autoritário ao fraterno, o eu ao nós, o individual ao social, sem esquecer o pessoal, numa interação total entre os dois polos.

O Projeto Reino é, portanto, a radicalização e a implantação na terra do Projeto Cristo, o homem de Deus e o homem do mundo, doado em prol dos outros, para que todos tenham vida e vida em abundância. É o projeto *nós*, o projeto *Jerusalém*, a cidade da justiça e da paz. Nela cada qual pode viver, pensar, se expressar, decidir com autonomia, criatividade, em comunhão e participação, em racionalidade e solidariedade, longe da massificação, da alienação, do nivelamento, da subordinação e da exploração. O Projeto Reino torna-se o grande mutirão em que Deus (Comunhão Trinitária) e o homem (Corpo do Verbo Encarnado) trabalham juntos para implantar na terra o reinado de Deus: desde já, em moldes históricos, mas com os olhos direcionados para o futuro. É um Reino que deve ser construído no aqui e no agora, mesmo sabendo que toda realização histórica é imperfeita e provisória, e que deve se espelhar naquela realização definitiva em que Deus será o *tudo* de *todos*.

Um exemplo vivo de Igreja

A morte de Jesus tinha desencadeado como que um grande terremoto: Judas tinha traído e vendido Jesus por trinta denários, Pedro o tinha renegado três vezes, os outros apóstolos tinham fugido por medo. Só João tinha ficado ao pé da cruz com Maria e Madalena. Mas quando Jesus ressuscitou e apareceu vivo e depois, no dia de Pentecostes, enviou o seu Espírito, tudo mudou. Ninguém conseguia deter os Apóstolos corajosos e destemidos, dispostos até a dar a vida. Estêvão não parava de proclamar a ressurreição de Jesus. Ameaçado, apedrejado, ele olhou para o céu e, como Jesus, antes de morrer, rezou pelos seus perseguidores. Pedro e João anunciavam abertamente o Evangelho e foram jogados na prisão. Segundo uma antiga tradição, Tiago morreu sendo atirado do pináculo do Templo. Mas a perseguição não conseguiu deter a coragem dos seguidores de Jesus, cujo número aumentava sempre mais, dando início a um tipo de vida nunca visto até então.

"A multidão dos fiéis era um só coração e uma só alma. Eles eram assíduos ao ensinamento dos Apóstolos, à comunhão fraterna, à fração do pão e às orações. Partiam o pão pelas casas. Eles tinham tudo em comum. Não havia entre eles indigente algum, porquanto os que possuíam terras ou casas vendiam-nas, traziam o dinheiro e o colocavam aos pés dos apóstolos; e distribuía-se a cada um segundo a sua necessidade" (cf. At 2,42-47; 4,32-35).

A Igreja nascida de Pentecostes, ou seja, a nova família de Deus, desejada por Jesus e toda impregnada do Espírito Santo, era a comunhão dos convocados, de gente que se amava, que acreditava, se esforçava para se tornar Reino.

Os fiéis tinham um forte senso de *identidade* e de *pertença*. A comunidade edificava-se sobre quatro esteios:

- *Didaké* (participação ativa na Doutrina dos Apóstolos, Fé, Catequese).

- *Koinonia* (união fraterna subjetiva e objetiva: um só coração e uma só alma; tinham tudo em comum).

- Eucaristia e oração nas casas.

- Cura dos doentes: serviços, ministérios (cf. At 6).

Uma comunidade missionária

A primeira Comunidade cristã era uma *Comunidade missionária*.

Podemos lembrar as muitas pessoas que, tendo encontrado Jesus Ressuscitado, correm a anunciá-lo em todo canto.

Maria Madalena apressa-se em ir ao sepulcro, de madrugada; ali pensa ver o jardineiro. Mas o jardineiro é Jesus. Tendo-o reconhecido em seguida, com o coração pulando no peito, ela corre para anunciar aos discípulos que Jesus está vivo e quer ver todos eles (cf. Jo 20,1-12).

Imediatamente Pedro e João vão também ao sepulcro. Está vazio. João "viu e creu" (Jo 20,1-10).

Dois discípulos de Emaús, decepcionados, desanimados depois da morte de Jesus, voltam para casa. Jesus os segue no caminho, explica-lhes as Escrituras e reparte o pão. Imediatamente se abrem os olhos e se aquece o coração deles e, mesmo de noite, correm a Jerusalém para anunciar aos outros discípulos que Jesus está vivo (Lc 24,13-35).

O diácono Filipe, vendo como tantos discípulos haviam se dispersado por causa da perseguição, decide ir atrás deles e percorre toda a Palestina, anunciando Jesus ressuscitado (At 8,4-8).

Também os discípulos dispersos "perambulavam anunciando a Palavra da Boa - Nova" (At 8,4).

Não podemos esquecer tantos outros apaixonados por esse Jesus que os homens mataram, mas que o Pai ressuscitou. Entre eles estão os Apóstolos Barnabé, Paulo e os seus inúmeros colaboradores: Marcos, Tito, Timóteo, Silas, Áquila, Priscila, Febe e tantos, tantos outros.

Mas não eram somente indivíduos que assumiam o ministério da evangelização. Comunidades inteiras se preocupavam com os povos dos lugares mais distantes. Assim, a Igreja de Jerusalém se preocupava com os cristãos que haviam fugido para a Antioquia. A comunidade de Antioquia, aquela onde os discípulos, pela primeira vez, foram chamados de cristãos, se preocupava com tantos pagãos que não conheciam a mensagem evangélica. "Certo dia, enquanto celebravam o culto do Senhor e jejuavam, disse o Espírito Santo: "Separai-me Barnabé e Saulo para a obra a que os destinei. Então, depois de terem jejuado e orado, lhes impuseram as mãos e os despediram". É a primeira grande viagem apostólica. Seguirão outras três. Aonde estes Evangelizadores chegam, fazem novos discípulos, fundam novas comunidades. E quem abraça Cristo e o seu Evangelho não consegue sepultar dentro de si o tesouro recebido, mas sente a necessidade de comunicá-lo a todos.

Apaixonar-se por Jesus é como ter um fogo abrasador dentro do peito; não é possível mantê-lo só para si. Ele deve ser anunciado para que seja amado por todos.

Como ser Igreja hoje

Como ser Igreja hoje? Ser a Igreja de Cristo hoje é fácil? É difícil?

Ser cristão hoje é fácil? É difícil? O que atrapalha? O que ajuda?

Sempre foi difícil ser a Igreja de Cristo, a família de Deus, formada por gente que acredita, ama e se esforça para se tornar Reino de Deus. E sempre foi difícil para o cristão ser imagem viva, rosto e coração de Cristo.

O primeiro perigo é o de querer *aparecer* mais do que *ser*. Igreja e cristão podem mentir, mascarar-se, fazer de conta, ir em busca de consenso e de aplauso.

O segundo perigo é o de se deixar envolver pelo mundo, que muitas vezes expulsa o Deus verdadeiro de Jesus Cristo, chega até a ridicularizá-lo, multiplica os ídolos e escolhe o deus poder, o deus dinheiro, o deus prazer.

O terceiro perigo é o de se isolar, esquecendo que a Igreja não existe em função de si mesma, mas foi pensada para ser a casa de todos, o refúgio dos pobres, dos últimos, dos bons, mas também dos pecadores.

Como não ser Igreja hoje

A Igreja, mistura de divino e de humano, é, ao mesmo tempo, santa e pecadora. Ela está sempre a caminho, tentando viver o sonho de Jesus. Mas muitas vezes deixa-se encantar pela beleza dos bens materiais e nem sempre sabe resistir.

Apontamos, em seguida, as tentações mais frequentes e as atitudes – negativas (marcadas com *a*) e positivas (marcadas com *b*) – que, desde o começo, marcaram a convivência dos discípulos de Jesus e dos primeiros cristãos.

À *procura do poder*

a) "Jesus subiu ao monte e chamou os que desejava escolher. E foram até ele. Então Jesus constituiu o grupo dos Doze, para que ficassem com ele e para enviá-los a pregar, com autoridade para expulsar os demônios" (Mc 3,13-15). Eles constituíam o grupo dos íntimos, aqueles que deveriam penetrar no mundo de Jesus. Mas Tiago e João querem o posto de comando, suscitando a indignação e a revolta dos outros dez (cf. Mc 10,35-45).

b) Não foi fácil para Jesus fazer os discípulos entenderem que, na Comunidade pensada por ele, quem ama serve. "Vocês sabem: aqueles que se dizem governadores das nações têm poder sobre elas, e os seus dirigentes têm autoridade sobre elas. Mas entre vocês não deverá ser assim: Quem de vocês quiser ser grande deve tornar-se o servidor de vocês, e quem de vocês quiser ser o primeiro deverá tornar-se o servo de todos. Porque o Filho do homem não veio para ser servido. Ele veio para servir e para dar a sua vida como resgate em favor de muitos" (Mc 10,42-45). E Jesus não só diz, mas faz. Naquele tempo só o escravo lavava os pés dos patrões e dos hóspedes. Jesus, o Filho de Deus, o Mestre e o Senhor, não se sente humilhado de lavar os pés dos Apóstolos. "Vocês dizem que eu sou o Mestre e o Senhor. E vocês têm razão: eu sou mesmo. Pois bem: Eu, que sou o Mestre e o Senhor, lavei os seus pés; por isso vocês devem lavar os pés uns dos outros. Eu lhes dei um exemplo: vocês devem fazer a mesma coisa que eu fiz. Se vocês compreenderam isso, serão felizes se o puserem em prática" (Jo 13,13-17).

Incoerência

a) Quando Jesus anuncia que irá a Jerusalém, onde será preso, condenado e morto, Pedro protesta; não quer que Jesus continue o seu caminho. Jesus o chama de tentador, de Satanás, por querer impedi-lo de realizar o projeto do Pai e a salvação do mundo (cf. Mt 16,21-23). Na última ceia, quando Jesus diz que irá dar a sua vida, Pedro se deixa levar pelo entusiasmo: "Eu darei a minha própria vida por ti" (Jo 13,37). Pobre Pedro! No momento do perigo perde a força e a coragem: afirma, jura que nem conhece esse homem (cf. Lc 22,54-62). Só quando vê Jesus sangrando, açoitado, coroado de espinhos, começa a "chorar amargamente".

b) Estêvão, ao contrário, é fiel, é coerente. Gritaria, ameaças, condenação, apedrejamento não conseguem fazer mudar de opinião esse jovem "repleto de Espírito Santo". Ele, como Jesus, olha para o céu e entrega-se – "Senhor Jesus, recebe o meu espírito" – e pede perdão e misericórdia pelos seus assassinos – "Senhor, não lhes imputes este pecado!" (At 7,51-60).

Ganância

a) Ananias e Safira tinham um campo. Decidiram vendê-lo e dar tudo à comunidade. Só que eles queriam aparecer mais do que ser. Desejavam o aplauso dos outros. Em segredo guardavam parte do dinheiro para si. Pedro perguntou a Ananias: "Por que você deixou satanás tomar posse do seu coração? Por que você está mentindo para o Espírito Santo, conservando uma parte do preço do terreno? Você não podia conservá-lo para si sem vendê-lo? E mesmo que o vendesse, você não podia ficar com todo o dinheiro? Então, por que fez isso? Você não mentiu para os homens, mas para Deus" (At 5,1-11).

b) Mas havia, na primeira comunidade cristã, gente completamente desprendida, cuja única felicidade era ajudar os outros. Assim "Barnabé, levita originário de Chipre, possuía um campo; ele o vendeu e trouxe o dinheiro para depô-lo aos pés dos apóstolos" (At 4,36-37). Tudo era colocado em comum e repartido segundo a necessidade de cada um.

Numa situação dramática de grande carestia, "os discípulos decidiram enviar, cada um conforme as suas posses, auxílios aos irmãos que moravam na Judeia" (At 11,27-30). E o Apóstolo Paulo, completamente entregue à evangelização, encontra tempo para visitar as várias comunidades e organizar uma grande coleta em favor dos irmãos necessitados. "Irmãos", escreve ele aos Coríntios, "nós vos damos a conhecer a graça que Deus concedeu às Igrejas da Macedônia. Em meio às múltiplas tribulações que as puseram à prova, a sua copiosa alegria e a sua pobreza extrema transbordaram em tesouro de liberalidade". Que maravilha! Gente pobre e atribulada que se sente feliz em ajudar irmãos mais pobres! "Quanto a vós, Coríntios", continua Paulo, "dou-vos um parecer: é o que convém a vós, que fostes os primeiros, desde o ano passado, não somente a realizar, mas também a querer realizar essa obra. Agora, portanto, levai-a a termo, de modo que à boa disposição de vossa vontade corresponda a realização segundo os vossos meios. Quando existe a boa vontade somos bem aceitos com os recursos que temos; pouco importa o que não temos. Não desejamos que o alívio seja para vós causa de aflição, mas que haja igualdade. No presente momento, o que para vós sobeja, suprirá à carência deles, a fim de que o supérfluo deles venha um dia a suprir a vossa carência. Assim haverá igualdade" (2Cor 8,1-15). Eis o sonho de Paulo: que entre os cristãos, mais, que entre todos os homens, haja *igualdade*.

Venda do sagrado

a) Os Atos dos Apóstolos nos falam do grande zelo e das muitas conversões operadas pelo diácono Filipe na Samaria. Lá vivia também um tal de Simão mago, "que praticava a magia e iludia o povo. Todos lhe davam ouvido e ficavam fascinados por ele". Mas a pregação e os milagres de Filipe ganharam muita gente, e o próprio Simão pediu para ser batizado, na secreta esperança de poder operar os mesmos prodígios de Filipe. Chegou a oferecer dinheiro aos Apóstolos dizendo: "Dai a mim também esse poder, de modo que aquele a quem eu impuser as mãos receba o Espírito Santo!". Mas Pedro respondeu: "Pereça tu e o teu dinheiro, pois tu pensaste que podias comprar com dinheiro aquilo que é dom de Deus" (At 8,9-24).

b) O cristão confia na graça de Deus, no amor e na ajuda fraterna e não no dinheiro. Os Atos dos Apóstolos nos relatam que Pedro e João estavam subindo ao templo quando viram um homem coxo de nascença. Este estendeu as mãos, esperando receber uma esmola. "Pedro e João olharam bem para o homem. E Pedro disse: 'Olhe para nós! Não tenho ouro nem prata, mas o que tenho eu lhe dou: em nome de Jesus Cristo Nazareno, levante-se e caminhe!'" (At 3,1-10). Pedro e João, mas também todos os autênticos cristãos, só fazem o que Cristo disse: "De graça recebestes, de graça dai" (Mt 10,8). Mas quanto tudo isso é difícil! Na verdade só Deus dá de graça, o homem age quase só por interesse.

Discriminação, intolerância

a) Outro grande mal que existe no mundo é a discriminação. Raça, cultura, até religião dividem os povos. Os judeus não aceitam, aliás, desprezam os samaritanos. Maometanos não suportam os hebreus. Hitler organiza o holocausto e suprime seis milhões de hebreus. Os cristãos estão divididos e não se suportam. O próprio Saulo, já convertido e apaixonado por Cristo, é recusado por judeus e por cristãos: os primeiros o consideram traidor, os segundos suspeitam que Paulo seja um falso convertido (cf. At 9,19-26).

b) Mas a salvação de Paulo veio de um amigo, de Barnabé. Ele conduz Paulo até Jerusalém e o apresenta aos Apóstolos. Então Paulo adquiriu o direito de "ir e vir". Mas a suspeita continua. Paulo não se sente amado, acolhido, e se retira para sua terra, Tarso. Lá fica vários anos. De novo Barnabé vai atrás do amigo e o convence a se dedicar perdidamente ao apostolado. O grande Apóstolo é, portanto, fruto de um amor fraterno. Que beleza se na Igreja existissem muitos Barnabés que fossem à procura de irmãos desanimados e afastados da comunidade! (cf. At 9,27-30; 11,25).

Exclusão

a) Um dia os irmãos Tiago e João percebem que um admirador de Jesus tenta realizar as mesmas obras que eles: queria expulsar demônios do corpo de doentes. Os dois irmãos, que justamente eram chamados "filhos do trovão", o proíbem afirmando: "Não é do nosso grupo" (Lc 9,49-50). É terrível essa posição ciumenta que impede outros de operar o bem.

b) Também a Pedro queriam proibir de admitir ao batismo pessoas vindas do paganismo. Diziam que, antes, elas deviam se submeter à lei de Moisés, aceitar ritos e tradições judaicas, deixar-se circuncidar. Mas "enquanto Pedro falava, o Espírito Santo desceu sobre todos os que ouviam a Palavra. Admiraram-se os fiéis circuncisos, companheiros de Pedro, de que o dom do Espírito Santo fosse derramado também sobre os gentios. Pois os ouviam falar em línguas e glorificar a Deus. Então disse Pedro: 'Pode-se, porventura, recusar a água do batismo a esses que, como nós, receberam o Espírito Santo?'" (At 10,44-47).

O QUE A IGREJA OFERECE À HUMANIDADE

A Igreja se preocupa em oferecer à humanidade toda o seu serviço: ela quer iluminar, dar a mão, ajudar a encontrar o caminho certo e a ter a força de percorrê-lo. Podemos resumir nas afirmações seguintes o que ela manifestou em vários documentos.

* *A Igreja dá um sentido à vida e responde às inquietações humanas* (*Gaudium et spes* [GS], 41a).

– "As alegrias e as esperanças, as tristezas e as angústias dos homens e mulheres de hoje, sobretudo dos pobres e de todos aqueles que sofrem, são também as alegrias e as esperanças, as tristezas e as angústias dos discípulos de Cristo; e não há realidade alguma verdadeiramente humana que não encontre eco no seu coração" (GS, 1).

– "A Igreja ajuda o ser humano a esclarecer o sentido da própria existência e lhe revela sua mais íntima verdade" (GS, 41).

* *A Igreja:*

– "anuncia e proclama a *liberdade* dos filhos de Deus;

– rejeita toda servidão derivada, em última análise, do pecado;

– respeita escrupulosamente a dignidade da consciência e a sua decisão livre;

– adverte, sem cansar, que todos os talentos humanos devem ser duplicados para o serviço de Deus e o bem dos homens;

– recomenda a todos a caridade" (GS, 41b);

– proclama os Direitos Humanos (GS, 41c).

* *A Igreja oferece auxílios concretos à sociedade.*

Transcrevemos aqui algumas declarações oficiais da Igreja. Trata-se de empenhos concretos, que não podem ficar só no papel, mas devem traduzir-se em ações concretas.

– "A Igreja pode e deve promover atividades destinadas ao serviço de todos, sobretudo dos indigentes, como são as obras de misericórdia e outras semelhantes" (GS, 42a).

– "A Igreja estimula todo dinamismo social que tende a reforçar a unidade, a sã socialização e a solidariedade no plano civil e econômico. As energias da fé e da caridade levam a essa prática" (GS, 42b).

– "A Igreja recomenda a todos os seus filhos, e também a todos os homens, que superem com este espírito de família, próprios dos filhos de Deus, todos os conflitos entre nações e raças" (e religiões) (GS, 42c).

– "A Igreja quer ajudar e promover todas estas instituições, enquanto isto depender dela e estiver de acordo com a sua missão" (GS, 42a).

A Igreja quer ajudar e promover estas instituições comuns a todos os cidadãos: escolas (mesmo não confessionais), hospitais, assistência social e outras (cf. Documento *Ecclesia in America*: Declaração solene de intenções).

O papel da Igreja

A Igreja deve se interessar somente pela salvação das almas?

Ou deve preocupar-se também com o destino deste mundo e fazer com que ele se torne desde já Reino de Deus (com justiça, paz, liberdade, felicidade, pão, progresso)?

A ação da Igreja

A Igreja deve estudar a situação concreta da sociedade e se dar conta da visão neoliberal que a domina: relativista, individualista, consumista, que gera desigualdade social, miséria, racismo.

A Igreja deve enunciar e defender os princípios humanizadores do mundo: defesa dos direitos humanos, em especial o modo de vida em todos os seus estágios, convivência pacífica entre os povos, cooperação mundial, opção pelos pobres. Felizmente a Igreja, especialmente nestes últimos tempos, preocupa-se não só em ensinar, mas também em ajudar a pôr em prática esses princípios (cf. *Doutrina Social da Igreja*; afirmações claras de Medellín e Puebla).

É necessário que todos os cristãos trabalhem numa espécie de mutirão, cuidando daqueles que estão na Igreja (Pastoral) e daqueles que estão fora dela (Missão). Essas duas atividades são essenciais.

É, portanto, urgente:

- reconquistar a credibilidade (pessoal dos cristãos e eclesial da comunidade);

- manifestar respeito, amor, compromisso, diálogo com os outros, mesmo que sejam pecadores, marginais, presos, prostitutas, traficantes etc. *Detestar o pecado, mas amar os pecadores*;

- não parar no meramente ritual-simbólico (por exemplo: abraço de paz, círio, liturgia, canto etc.), mas realizar a organização do bem e de uma sociedade verdadeiramente mais humana, justa, fraterna, solidária.

UMA IGREJA DE ROSTO LATINO-AMERICANO

O ponto central do Cristianismo é que Deus, mesmo sendo o único, o infinito, o todo-poderoso, quis tornar-se um de nós, homem, homem verdadeiro. Não um homem neutro e sim um homem concreto, de uma determinada raça, de uma determinada cor, de uma determinada língua, de uma determinada cultura. Cristo entrou na carne e no coração de um povo.

A Igreja, Corpo Místico de Cristo, se quiser ser viva e vital, deve encarnar-se completamente, à maneira de Cristo, assumindo cor, língua, cultura, esperanças, alegrias e sofrimentos do povo. Ela é realmente assim? Foi sempre assim?

Uma história dolorosa

A América Latina tem uma história triste. Conquistadores e mercantes da Europa invadiram o continente e se tornaram donos das terras e de suas imensas riquezas. Os "conquistadores", para se mostrarem agradáveis, apresentaram-se como "civilizadores" e como "evangelizadores". Assim as grandes culturas dos Maias e dos Astecas foram destruídas, os povos foram "amansados", reduzidos a "produtores" em função do poder central. Nunca mais esses povos conseguiram voltar a ser eles mesmos, geradores de uma cultura própria, criativa, originária, diferente da dos conquistadores.

Os outros povos indígenas, que viviam num estágio tecnicamente menos avançado, foram literalmente aniquilados. Impediu-se que fossem eles mesmos, obrigaram-nos a servir, dizimaram os "rebeldes", destruíram as três maravilhosas e genuínas características dos índios: o amor à natureza, o amor à liberdade, o costume da partilha.

Outro grande crime dos conquistadores foi a implantação, na América Latina, da escravidão, transportando africanos, caçados como animais, obrigados ao trabalho forçado e desumano. São páginas cruéis de sofrimento e de sangue.

Qual foi o papel da Igreja nesse processo? Certamente existiram missionários generosos e dedicados. João Paulo II, em seu discurso de chegada em Santo Domingo, disse que os primeiros missionários "vieram anunciar o Cristo Salvador, defender a dignidade dos indígenas, proclamar seus direitos invioláveis, favorecer a promoção integral".

Alguns historiadores e sociólogos são menos otimistas. Com amargura se dão conta de que houve, às vezes, uma instrumentalização e ideologização da religião a favor do poder. Cruz e espada estiveram unidas no desfrute de índios e africanos. Existem páginas gloriosas de representantes da Igreja a favor de índios e africanos (veja Valdivieso, Vitória, Las Casas), mas existem também páginas humilhantes que até tentaram uma justificação teológica da escravidão. Gente da Igreja sustentou o poder, não considerando se era militar, ditatorial, antipopular.

Além do mais, os missionários eram estrangeiros, pertencentes a Ordens ou Congregações religiosas. Muito tardiamente se pensou em um clero local. Por consequência, este imenso continente e, de maneira particular, áreas extensas como a Amazônia, ficaram sem atendimento. O povo era batizado, mas pouco evangelizado. Surgia assim e se transmitia um "catolicismo leigo", incluindo sim o batismo, mas sobretudo favorecendo o devocionismo, o culto aos santos, romarias, procissões.

Alguns bispos e missionários profetas tentaram implantar um novo estilo de presença de Igreja. Mas foi só com o Concilio Vaticano II que se operou uma verdadeira reviravolta. Os bispos latino-americanos, reunidos em Medellín (1968), e em Puebla (1979), com o seu aprofundamento teológico e com sua corajosa tomada de posição, iniciaram um tempo novo do envolvimento da Igreja com os "últimos". Com isso os "últimos", até então marginalizados, sem direito de serem ouvidos, sentem-se Igreja e se denominam Igreja. A própria hierarquia, que se preocupava com os crentes e, no máximo, com os não crentes, agora abre os olhos e enxerga um povo imenso de batizados, cuja dignidade de seres humanos não é respeitada. A Igreja, reunida em Medellín e em Puebla, ficou como que escandalizada e denunciou a nossa sociedade como injusta e incompatível com o plano de Deus (cf. Medellín, doc. Justiça, 1,2; doc. Paz, 1,13; Puebla, 17ss.). Puebla é obrigada a constatar que essa situação não só não melhorou como também se agravou desde Medellín, e que a distância entre ricos e pobres é sempre mais insultante e anticristã (Puebla, 18).

Essa situação constitui um verdadeiro pecado social (Puebla, 17), uma forma de violência institucionalizada (Medellín, doc. Paz, 16), que, para mudar, necessita de redenção (Puebla, *Mensagem aos povos*). Não se trata de uma realidade superficial e transitória, mas tem causas e raízes estruturais profundas na economia, na política, na exploração nacional e internacional.

Os bispos latino-americanos denunciam o pecado pessoal e o pecado estrutural, e pedem uma conversão do homem, mas também das estruturas onde o mal se condensa, impedindo ao homem de ser humano. Exige-se, portanto, uma mudança/conversão global, das consciências e das instituições. Uma sem a outra não se sustenta.

A única saída, portanto, é anunciar e realizar uma nova Páscoa, é entrar na Terra Prometida.

A Terra Prometida existe. A Bíblia nos dá contínuas pinceladas de um mundo novo, maravilhoso, diferente, profundamente humano, profundamente divino. Já o paraíso terrestre, mais do que um lugar histórico perdido, é o lugar de chegada de todo homem que em esperança anuncia, na sua vida e na sua história, a utopia de poder viver reconciliado consigo mesmo, com a sua companheira, com a natureza, com Deus, com todos. A arca de Noé atesta que para o homem existe uma salvação. A confusão das línguas em Babel será derrotada pela comunhão do Pentecostes, onde todos falarão a língua de todos.

O Egito não é eterno. Deus vê, ouve seu povo e desce para libertá-lo. Babilônia não é eterna. Anuncia-se uma volta ao Templo, à casa própria, à cidade santa. A vinha derrubada será transplantada de novo e dará frutos abundantíssimos. O pequeno "resto" será semente de um povo incomensurável.

E o mundo, a sociedade e o coração dos homens vão mudar: "De suas espadas forjarão relhas de arado, e de suas lanças, foices. Uma nação não levantará a espada contra outra e não se arrastarão mais para a guerra... E fará desaparecer a morte para sempre. O Senhor Deus enxugará as lagrimas de todas as faces" (Is 2,4; 25,8).

"Pois eu vou criar novos céus e uma nova terra; o passado não será mais lembrado, não volverá mais ao espírito, mas será experimentada a alegria e felicidade eterna daquilo que vou criar" (Is 65,17).

Deus já preparou aquele que será enviado. A sociedade será transformada numa "cidade santa", vestida como a esposa do Cordeiro. Deus enxugará com suas próprias mãos todas as lágrimas. Não haverá mais nem luto nem dor. Eis que o mundo velho passou. Eis que ele fez tudo novo (cf. Ap 21ss).

Só falta quem acredite, quem anuncie e que ajude a concretizar este mundo novo.

Na sua despedida, Cristo preanuncia a realização do mundo previsto por Isaías: os homens novos do mundo novo "expulsarão demônios, falarão em novas línguas, pegarão em serpentes, e se beberem algum veneno mortífero, nada sofrerão, imporão as mãos sobre os enfermos e estes ficarão curados" (Mc 16,17-18). Parece um eco da profecia de Isaías: "O lobo e o cordeiro (a vaca e o urso) pastarão juntos; a criança de peito poderá brincar junto à cova da áspide, a criança pequena porá a mão na cova da víbora" (Is 11,7-8; 66,25).

É a volta ao paraíso terrestre, ou melhor, é a criação do verdadeiro paraíso. Trata-se do reinado de Deus em que demônios e doenças (símbolos do mal) serão aniquilados e à comunhão entre os homens (saber falar a língua dos outros) será atribuída a máxima importância.

O papel da Igreja (dos discípulos) é, portanto, criar esse estado novo de coisas, é realizar a mudança, a passagem, a autêntica Páscoa, isto é, anular as forças destruidoras do mal (demônios, doenças, serpentes, veneno, com tudo aquilo que significam), e criar laços de amizade e de fraternidade, derrubando a incomunicabilidade e a Babel que existe por aí, e aprendendo a falar a língua dos outros. Esta é a realização da Páscoa, é a passagem do Egito para a Terra Prometida, é viver os tempos da ressurreição.

Uma caminhada nova e corajosa

Os bispos latino-americanos, reunidos em Aparecida com o papa Bento XVI (13-31 de maio de 2007), quiseram ajudar os seus povos a realizar esse sonho.

Eles se dão conta da situação difícil:

> Com desafios e exigências, abre-se a passagem para um novo período da história, caracterizado pela desordem generalizada que se propaga por novas turbulências sociais e políticas, pela difusão de uma cultura distante e hostil à tradição cristã e pela emergência de variadas ofertas religiosas que tratam de responder, à sua maneira, à sede de Deus que nossos povos manifestam (*Documento de Aparecida* [DAp], 10).

Aos bispos compete "a grande tarefa de proteger e alimentar a fé do povo de Deus e recordar também aos fiéis deste Continente que, em virtude do seu batismo, são chamados a ser discípulos e missionários de Jesus Cristo" (DAp, 10).

> A Igreja é chamada a repensar profundamente e a relançar com fidelidade e audácia a sua missão nas novas circunstâncias latino-americanas e mundiais. Ela não pode fechar-se frente àqueles que só veem confusão, perigos e ameaças, ou àqueles que pretendem cobrir a variedade e complexidades das situações com uma capa de ideologias gastas ou de agressões irresponsáveis. Trata-se de confirmar, renovar e revitalizar a novidade do Evangelho arraigada em nossa história a partir de um encontro pessoal e comunitário com Jesus Cristo, que desperte discípulos e missionários. Isso não depende tanto de grandes programas e estruturas, mas de homens e mulheres novos que encarnem essa tradição e novidade, como discípulos e missionários de seu Reino, protagonistas de uma vida nova para uma América Latina que deseja reconhecer-se com a luz e a força do Espírito (DAp, 11).

Enfim, a Igreja latino-americana, a Igreja do Brasil, a Igreja da Amazônia se propõem a formar:

– Homens e mulheres novos, *cristãos* por escolha pessoal e não por tradição e cultura, *discípulos* constantemente na escola de Jesus, *missionários* dedicados e corajosos à procura dos pobres, dos últimos, dos afastados, *cidadãos* ativos, conscientes e competentes para realizar a sociedade sonhada por Jesus.

– Comunidades novas em que todos têm um papel a desenvolver e ninguém é passivo ou inútil; os ministérios e as atividades são partilhados.

ORGANIZAÇÃO DA IGREJA

A Igreja é a comunhão dos cristãos, que têm como única preocupação ser fiel ao Projeto de Jesus. Dinamicamente ela tende a realizar esse sonho unindo a humanidade inteira. Portanto, como destino, ela é universal (católica) e mantém as feições que lhe foram dadas pelo próprio Cristo e dos Apóstolos. Para poder melhor realizar esse papel, a Igreja funda comunidades, em que os cristãos se organizam ao redor da Palavra, da Liturgia e da caridade.

Dioceses e paróquias têm esse papel fundamental. De grande importância é a fundação e organização das pequenas Comunidades Eclesiais de Base (CEBs), onde se pode viver de forma pessoal e profunda o ideal cristão. Igualmente a Igreja deve procurar que cada casa se torne uma pequena Igreja doméstica, onde o dono é Jesus, o ar que se respira é a oração, o código vigente é o Evangelho.

Para que tudo isso aconteça é necessário que a Igreja organize as atividades necessárias: iniciação cristã, formação da fé, vivência da caridade em todos os níveis, para crianças, jovens, adultos, velhos, pobres, doentes. Para isso é necessário cuidar da liturgia, da formação, das várias pastorais, dos movimentos cristãos.

Os vários papéis

"Vós sois o Corpo de Cristo e sois os seus membros, cada um por sua parte. E aqueles que Deus estabeleceu na Igreja são, em primeiro lugar apóstolos, em segundo lugar profetas, em terceiro lugar doutores. Vêm a seguir os dons dos milagres, das curas, da assistência, do governo e o de falar em diversas línguas" (1Cor 12,27-28). Uma afirmação muito importante. Todos formamos o único Corpo de Cristo. Todos, portanto, temos a mesma dignidade, mesmo que os papéis de cada um sejam diferentes. Todos participamos do mesmo sacerdócio de Cristo, que se oferece ao Pai e se torna perdão e salvação para o mundo inteiro. Ninguém, portanto, na Igreja pode se omitir, ficar passivo, se sentir inútil, sem um papel determinado.

O *papel de cada um*

Cada um de nós deve se perguntar: "Que parte do Corpo de Cristo sou eu? O que Cristo me chama a fazer?".

Ninguém pode pretender representar o Cristo total. Porém, cada um de nós é chamado a representar uma parte dele. Assim, Paulo representa o Cristo anunciador das Boas Notícias do Reino; Francisco de Assis, o Cristo pobre, amante dos pobres; Madre Teresa de Calcutá, o Cristo que abraça os doentes; o Cura de Ars, Jesus que perdoa os pecadores.

Para realizar o Cristo total, três coisas são indispensáveis: ter os ouvidos, os olhos e o coração de Cristo.

Ter *ouvidos* para se deixar penetrar pela voz de Cristo e escutar somente a sua voz. Nada melhor do que mergulhar continuamente nas Boas Notícias de Deus, fazendo do Evangelho o livro da vida, o ensinamento de cada momento.

Ter *olhos* para não mais enxergar com os próprios olhos, mas com os de Cristo.

Ter coração para amar o Pai e os irmãos à maneira de Cristo, dispostos a dar tudo, até a própria vida, à semelhança de Jesus.

Resumindo, poderíamos dizer: a *fé* e o *amor* constituem a grande riqueza do cristão.

A fé

O ser humano pode enxergar de duas maneiras: com os olhos físicos e com os olhos da fé.

Os olhos físicos só percebem a aparência. Ao se deparar com Jesus, a samaritana via um judeu qualquer à beira do poço; os habitantes de Belém notavam em Maria apenas uma mulher grávida pedindo abrigo; o Cireneu, que ajudou Jesus no caminho do Calvário, só percebia um condenado à morte; os discípulos de Emaús só enxergavam um peregrino que andava atrás deles; os Apóstolos, em perigo de afundar e, vendo Jesus caminhar sobre as águas, concluíam que só podia ser um fantasma.

Os olhos da fé não param na aparência, veem com profundidade.

O Evangelho nos faz ver as coisas, os acontecimentos e as pessoas com outros olhos, com um olhar diferente. Jesus opera, por assim dizer, uma cirurgia em nossos olhos e cura a catarata que nos impede de enxergar corretamente e com nitidez. Começamos então a ver as coisas, os fatos e as pessoas com os olhos de Jesus Cristo. Percebemos que o homem sedento à beira do poço de Jacó é Cristo à procura, sim, de água, mas especialmente à procura da Samaritana; na mulher grávida reconhecemos Maria, gestante de Jesus; igualmente o reconhecemos no condenado à morte ajudado pelo Cireneu e no homem que anda sobre as águas.

Mas muitos não enxergam

A muitos faltam olhos de fé; há quem nem queira ver para não ser obrigado a agir de modo coerente. Na verdade, o pior cego é aquele que não quer ver. Aos fariseus, que não queriam acreditar na cura do cego de nascença, Jesus diz que ele veio a este mundo "para que os que não enxergam vejam e os que veem tornem-se cegos" (cf. Jo 9,39). Em outras palavras, os autossuficientes que se fiam em suas próprias luzes não conseguirão enxergar, em oposição aos humildes que aceitam Jesus e poderão ver tudo com os olhos dele (cf. comentário da Bíblia de Jerusalém).

As qualidades da fé verdadeira

A fé verdadeira nos faz ver, julgar, sentir *tudo* com os olhos de Cristo, à maneira de Cristo. Torna-nos diferentes, nos faz agir de forma diferente. Torna-nos *críticos* a respeito da sociedade, dos seus modelos, da mídia. Exige que nos posicionemos, que não fiquemos em cima do muro e não nos deixemos levar pelos outros.

Muitos se justificam dizendo: "Todo mundo pensa assim, faz assim". Mas, sendo *cristãos*, é a Cristo que perguntamos o que fazer e como fazer em todas as nossas atividades: religiosas, políticas, comerciais, familiares, nas questões relativas a casamento, sexo, namoro, filhos, aborto, roupas, moda, festas, dança, droga, bebida.

Tudo isso não é simples, não é fácil. É preciso, em primeiro lugar, jogar-se decididamente no mar infinito de Deus para iniciar uma longa viagem. A fé é um caminho, é um sair de si mesmo, da própria angústia, da lógica do mundo, da negatividade do pecado. O cristão caracteriza-se pelo seguimento. Ir atrás de Jesus é a sua vocação, caminhar como Jesus é a sua tarefa. O cristão é um peregrino, e como tal cultiva sempre o desejo da pátria última e verdadeira, nutre-se do Pão e da Palavra de Deus.

Mas para viver dessa maneira, é necessário suplicar a Jesus, como fez o cego de nascença: "Senhor, faz que eu veja!" (Jo 9,6-7).

O amor

Deus é amor. Portanto, os seus filhos só podem e devem viver de amor. Amor ao Pai e amor aos irmãos. Deus, no seu grande amor por todos nós, quis transformar os outros (o próximo) em sacramento do encontro com ele.

O PRÓXIMO: O GRANDE SACRAMENTO DO ENCONTRO COM DEUS

Infelizmente estamos vivendo num mundo enlouquecido. Caim ainda está em ação. Em muitos lugares se mata. Na periferia das nossas cidades se mata. O coração de muitos está fervendo de raiva e de ódio. E quando não se mata fisicamente, mata-se moral e psicologicamente. Vivemos numa cultura de morte, pois o que vale neste mundo não é a pessoa humana, mas o dinheiro, o poder, o prazer. A pós-modernidade e a cultura neoliberal mataram os grandes ideais humanos e nos deixaram na incerteza, no relativismo, quando não no indiferentismo e no ceticismo. Não sabemos qual é a nossa meta, tanto menos podemos conhecer o caminho. Nessas circunstâncias, o ser humano se acomoda, procura aquilo que o faz sentir-se vivo, o que lhe proporciona prazer momentâneo. Muitas vezes a vida é reduzida ao provisório, fica insossa; não serve para nada, nem para aquele que a vive e muito menos para os outros. São valorizados somente aqueles dos quais se pode tirar proveito; os outros são esquecidos, agredidos ou até eliminados.

O Evangelho pode nos pegar pela mão e nos ajudar a encontrar e ver correta e nitidamente quatro coisas importantes:

- os fatos negativos do dia a dia;

- os fatos positivos de cada dia;

- as surpresas de Deus;

- as afirmações incríveis de Jesus Cristo.

Os fatos negativos – O Evangelho, tal como a vida, está semeado de fatos negativos que mostram como se machuca ou se recusa o irmão. Eis alguns exemplos:

– O paralítico fica 38 anos à beira da piscina esperando que alguém o jogue na água quando o anjo desce, mas ninguém o ajuda (cf. Jo 5,1-9).

– Quando a mulher encurvada – ela sequer podia levantar a cabeça – é curada por Jesus, o chefe da sinagoga se põe a reclamar. Tem gente que gosta de ver a mulher de cabeça baixa! (cf. Lc 13,10-17).

– Contra o cego de nascença curado por Jesus se enfurece o poder religioso, que prefere a observância servil de uma lei à cura de um ser humano (cf. Jo 9,1-41).

– Na parábola do filho que esbanja a fortuna longe da casa paterna, levando uma vida dissoluta, o irmão mais velho se irrita com a volta do mais novo e com a festiva acolhida deste pelo pai (cf. Lc 15,25-32).

– O ricaço não se comove com os sofrimentos do pobre Lázaro e o deixa com suas chagas fora de casa (cf. Lc 16,19-31).

– O servo impiedoso, mesmo perdoado de uma grande soma, não sabe perdoar um companheiro que lhe devia pequena importância (cf. Mt 18,23-35).

– O hidrópico é curado por Jesus, mas os fariseus se revoltam (cf. Lc 14,1-6).

– Marta não aceita que Maria fique sentada sem ajudá-la, ouvindo o Mestre falar. Mas Jesus lhe declara: "Maria escolheu a melhor parte, e esta não lhe será tirada" (cf. Lc 10,38-42).

– O cego Bartimeu grita para ser curado, mas os discípulos mandam-no calar a boca, pois não querem ser importunados (cf. Mc 10,48).

– O homem da mão seca é curado, mas os fariseus e herodianos se unem para matar Jesus (cf. Mc 3,1-6).

– Diante do homem assaltado, caído semimorto à beira do caminho, o sacerdote e o levita limitam-se a olhá-lo e passam adiante (cf. Lc 10,29-37).

– Quando, altas horas da noite, um vizinho pede pão emprestado, o homem importunado grita: "Não me amole, me deixe dormir em paz!" (cf. Lc 11,5-8).

Os fatos positivos – Mas o Evangelho nos mostra que também existe muita gente boa, de coração grande e generoso, disposta a doar e a doar-se.

– Um menino, diante de cinco mil pessoas famintas, dá tudo aquilo que tem: cinco pães e dois peixinhos (cf. Jo 6,9).

– O paralítico tem a sorte de contar com a ajuda de quatro amigos que não esmorecem diante das dificuldades impostas pela presença da multidão; destelham a casa onde Jesus está, descem o paralítico para que o encontre e, portanto, para que encontre a salvação (cf. Mc 2,1-12).

– O homem assaltado e meio morto, caído à beira da estrada, teve a sorte de ser socorrido por um samaritano, considerado herege e impuro, mas de coração grande e misericordioso (cf. Lc 10,29-37).

– Os homicidas do calvário ouvem dos lábios de Jesus uma prece inesperada: "Pai, perdoa a eles porque não sabem o que fazem!" (cf. Lc 23,34).

– O diácono Estêvão, que aprendeu a lição de Jesus, também ora pelos algozes enquanto estes o apedrejam: "Senhor, não lhes imputes este pecado!" (cf. At 7,60).

As surpresas de Deus – Deus não se limita a olhar apenas. Ele até parece brincar conosco e se esconde onde menos poderíamos imaginar. Se você encontrar uma mulher grávida, um carpinteiro, um filho de carpinteiro, um homem com sede, um peregrino, um jardineiro ou até um condenado à morte, não os despreze. Eles podem ser para você uma graça inesperada: eles podem ser o próprio Cristo neles escondido, mas realmente presente.

As afirmações incríveis de Jesus – Jesus Cristo é imprevisível. Suas afirmações categóricas nos deixam boquiabertos. Ninguém seria capaz de chegar à exaltação do amor ao próximo como ele. O outro (o próximo) é o santuário do *Outro* (Deus). O irmão é sacramento de Cristo. Nós também somos, de certa forma, tabernáculos vivos de Cristo, e ele nos pede a possibilidade de ser e manifestar-se, como Crucificado e Ressuscitado, em nós e através de nós, cada dia, cada momento. O Deus imprevisível, mas transbordante de amor, enche de si todas as coisas, os acontecimentos e as pessoas. Nosso próximo está pleno de Deus.

Eis alguns exemplos de afirmações de Jesus que nos transtornam:

– "Quando deres um almoço ou um jantar, não convides os amigos, nem os irmãos, nem os parentes, nem os vizinhos ricos, para que não te convidem por sua vez e te retribuam do mesmo modo. Pelo contrário, quando deres uma festa, chama os pobres, estropiados, coxos e cegos. Feliz serás, então, porque eles não têm com que te retribuir. Serás, porém, recompensado na ressurreição dos mortos" (Lc 14,12-14).

– "Quem vos recebe, a mim me recebe; e quem me recebe, recebe aquele que me enviou. E quem der, nem que seja um copo de água fria a um destes pequeninos, por ser meu discípulo, em verdade vos digo que não perderá a sua recompensa" (Mt 10,40-42).

– "Tive fome – dirá Jesus no juízo final – e me destes de comer. Tive sede e me destes de beber. Era forasteiro e me acolhestes. Estive nu e me vestistes, doente e me visitastes, preso e viestes ver-me." "Senhor, quando foi que te vimos com fome e te alimentamos, com sede e te demos de beber? Quando foi que te vimos forasteiro e te acolhemos ou nu e te vestimos? Quando foi que te vimos doente ou preso e fomos te ver?" "Em verdade vos digo: cada vez que o fizeste a um destes meus irmãos mais pequeninos, a mim o fizeste." Aos outros que se mantiveram cegos e não tiveram entranhas de misericórdia para reconhecer no pobre, no doente, no preso e no forasteiro o rosto de Jesus, o Senhor dirá no último dia: "Tive fome e não me destes de comer. Tive sede e não me destes de beber. Fui forasteiro e não me acolhestes. Estive nu e não me vestistes, doente e preso e não me visitastes". "Senhor, quando é que te vimos com fome e com sede, forasteiro ou nu, doente ou preso e não te servimos?" "Em verdade vos digo – responderá o Mestre – todas as vezes que o deixastes de fazer a um desses pequeninos, foi a mim que o deixastes de fazer" (cf. Mt 25,31-46).

ESPIRITUALIDADE DO CRISTÃO

Para realizar o mundo da fé e do amor é necessário ter uma espiritualidade, uma mística. Com esses dois termos entendemos o nosso mundo interior, aquilo que dá sentido à nossa vida. Procuramos nos deixar conduzir pelo Espírito Santo para amar o Pai com o coração de Jesus e amar Jesus com o coração do Pai e, ao mesmo tempo, amar todos os filhos desse Pai, todos eles comprados com o sangue precioso de Jesus. Ora, pela fé cristã, o outro, nosso irmão em Cristo, é aquele que dá sentido à nossa vida e desencadeia todas as nossas potencialidades; o outro é a nossa grande riqueza. Para o filósofo francês Sartre, os outros são o inferno. Para o cristão, são riqueza e paraíso. Esse é o grande segredo da espiritualidade cristã. O outro, que é feito à imagem e semelhança de Deus, torna-se centro e coração do nosso coração.

Nós não sabemos muita coisa de Deus; ele mesmo nos revelou algo de si. Ele, que é comunhão amorosa e felicidade sem fim, quis que existisse o ser humano com o qual poderia partilhar tudo isso. A Bíblia é toda uma história do amor de Deus pela criatura humana.

Como já vimos, a criação atesta que Deus quer que o outro exista. A Encarnação revela que Deus não só quer que o outro exista, mas ele próprio se torna o "outro" por amor. A ressurreição mostra que Deus quer a vida do outro, derrotando até a morte. No Pentecostes Deus nos dá o seu "ruah", o Espírito, para que possamos aprender e falar a língua de Deus e a língua dos irmãos. A espiritualidade cristã se identifica assim com a espiritualidade da justiça, e é um reviver dentro de si a paixão de Deus pelo homem, é acreditar na possibilidade de um mundo justo, é querer que o outro exista; aliás, é a tentativa de se tornar o outro, é um não aceitar a sua morte, mas é querer e fazer de tudo para que ele viva. Enfim, é aprender e falar a língua do outro, é ser feliz só se o outro for feliz.

Para quem mergulha nesse mundo, há uma equiparação constante entre o outro (próximo) e o *Outro* (Deus). Encontrando a Deus, encontramos o ser humano; encontrando o ser humano, encontramos Deus.

Não é possível, portanto, imaginar uma espiritualidade apenas emotiva e verticalista. O nosso Deus, no qual nós pretendemos mergulhar, não é um Deus cioso de si mesmo, encurvado sobre si mesmo na sua solidão, mas é um Deus que se debruça na janela ("Vi, ouvi o clamor do meu povo e desci para libertá-lo": cf. Ex 3,7-8). Por sua vez, Jesus, manifestação perfeita do Pai, honra o Pai dando a vida pelos irmãos oprimidos pela injustiça.

Não é possível amar a Deus sem passar pela justiça. Jogar-se em movimentos intímistas, espiritualistas, verticalistas, com a desculpa de querer encontrar-se com Deus, sem, ao mesmo tempo, lutar para que os outros sejam respeitados e possam crescer como gente e como filhos do Pai, significa não entender o Evangelho.

"Bem-aventurados aqueles que têm fome e sede de justiça" (cf. Mt 5,60).

Apaixonar-se por Deus comporta necessariamente apaixonar-se pelo outro – o último, o diferente, o pobre, o excluído – e, se necessário, dar a vida por ele.

Daí a necessidade de encontrar homens profundamente apaixonados pela vida. E a vida exige amor e respeito a todos os instrumentos que a tornam possível. Entre esses instrumentos, primam a cultura, a política, a economia. Nós, cristãos, não somos contra a economia. Ao contrário, devemos fazer de tudo para realizar, da melhor maneira possível, a missão da economia, que é dar pão, abundância e segurança aos homens, mas a todos os homens. Igualmente, não somos contra a política; devemos-nos apaixonar por esta arte do bem comum, sem distorcê-la com interesses privados. Não somos contra a mídia (os meios de comunicação de massa), mas gostaríamos que ela fosse um serviço prestado ao ser humano, espalhando a cultura e a civilização da igualdade, da justiça, da solidariedade.

Não é fácil realizar tudo isso. Numa sociedade que privilegia o individualismo, o consumismo, o luxo, o prazer incondicionado, o lucro, o sucesso, a eficiência, é difícil permanecer fiel a valores como a solidariedade e a fraternidade, enfim, fiel ao Reino. Mas o cristão, aquele que todos os dias fixa o seu olhar no Cristo e nele contempla o seu modelo, sente ressoar dentro de si aquelas palavras capazes de transformar os corações e o mundo: "Bem-aventurados aqueles que têm fome e sede de justiça" e "Procurai em primeiro lugar o Reino de Deus e a sua justiça, e todas estas coisas vos serão dadas de sobra" (cf. Mt 6,33).

O cristão, economista ou político, ao invés de diminuir, se esforça para multiplicar a eficiência, o sucesso, o resultado, pois revive dentro de si a compaixão e o carinho de Jesus pelas multidões. "Tenho compaixão desta multidão faminta" (Mt 15,32). "Tenho sede" – gritou Jesus pregado na cruz (cf. Jo 19,28). Reviver essa sede é o segredo, a mística, para aqueles que querem percorrer os difíceis caminhos da justiça.

INICIAÇÃO CRISTÃ
NA FAMÍLIA E NA CATEQUESE

O ser humano, como vimos, pode escolher entre viver à mercê das forças obscuras, instintivas, existentes em si, ou atingir uma meta fixada por ele mesmo ou por outros. Mas pode também decidir entrar na fantástica concepção de vida concebida não por um ser qualquer, mas por Deus, e assim realizar o que ele próprio realiza, inserindo-se no respiro amplo e absoluto do Criador.

Para atingir essa meta, Cristo é o único caminho. E só a atingiremos por meio de uma contínua *transferência* (metanoia) para a liberdade e para Deus. É preciso transferir-nos continuamente para Deus, num dom total, não de coisas e de atividades, mas de nós mesmos, conduzidos pelo Espírito-Amor que conduzia Cristo, de quem nós prolongamos, por assim dizer, a realidade terrena (cf. Gl 4,6; Rm 8,15; 2Cor 1,22).

Cristo comunica-se ao cristão (*"Et manifestabo ei meipsum* – manifestar-me-ei a ele") e se torna como que a sua consciência mais profunda, "inscrevendo-se", lenta mas incisivamente, sobre cada ação, cada respiro, cada afeto, cada pensamento do cristão.

Jesus torna-se, de certa forma (como comenta a Bíblia de Jerusalém), o *sujeito* de todas as ações vitais do cristão, *o eu mais profundo* da consciência do cristão.

Sabemos, porém, que ninguém de nós nasce adulto. Nascemos todos crianças, necessitados de tudo. Aliás, de tudo temos somente a raiz. Devemos crescer fisicamente, psicologicamente, espiritualmente. Mas isso não é possível sem a ajuda de alguém que já possui em plenitude essa imensa riqueza. O caminho mais normal para esse crescimento é a família. Existe, no entanto, uma multidão de pessoas e organizações que podem dar uma contribuição muito grande para o crescimento de cada indivíduo.

Para crescer na fé e na vida divina são de capital importância a família e a catequese.

A família

A família é como o ninho em que o ser humano é colocado. Nela recebe vida, leite, calor, amor, estímulo para crescer, para se tornar adulto, autônomo, responsável. Nessa construção vital, pais e filhos podem colaborar realizando um projeto humano maravilhoso, ou podem se desencontrar chegando ao fracasso mais doloroso.

Ninguém pediu para nascer. A outros é devida essa responsabilidade. Quem deu a vida a alguém deve também se preocupar para que o fruto de suas entranhas tenha a melhor vida possível, em todos os níveis. Assim, seria pouco preocupar-se apenas com a vida física e esquecer da vida afetiva, intelectual, relacional, comunitária e religiosa. Se um filho chegasse a dizer: "Pai, mãe, vocês me deram tudo, comida, roupa, educação, mas não me deram o que há de mais importante, não me deram Deus", essa seria a acusação mais terrível que poderia fazer aos seus pais, a de não lhes ter dado Deus, não os ter ajudado a se encontrar com aquele que é a vida e a felicidade supremas.

Daí a necessidade de a família tornar-se uma pequena igreja doméstica onde os membros, juntos, encontram Deus, escutam a sua Palavra, vivem à maneira do seu Filho Jesus.

Ações concretas

O que fazer então? Como se comportar?

A primeira condição é a de os próprios pais se convencerem da importância da presença de Deus em sua casa. Deus deve ser o centro, a pessoa mais importante dela.

Daí a necessidade e a beleza de consagrar a própria casa a Deus. A consagração pode ser feita por um sacerdote, pelo próprio pai de família, por um coordenador da comunidade ou por um amigo de fé.

Seria interessante, pois, ter em lugar de destaque uma imagem sagrada e, em particular, a Sagrada Escritura. Esta, porém, não deveria ser enfeite da casa, mas livro vivo a ser lido cotidianamente (pelo menos uma página por dia, possivelmente com toda a família reunida).

Importante também é acostumar os filhos a pedir e a receber a bênção dos pais. Uma sugestão é a de usar esta belíssima bênção: "O Senhor te abençoe e te guarde, o Senhor faça brilhar sobre ti a sua face e se compadeça de ti. O Senhor volte para ti o seu rosto e te dê a paz" (Nm 6,24-26). Essa bênção poderia ser transcrita e colocada em lugar de destaque na casa (por exemplo, na sala, na cozinha, ou no quarto).

Mais importante ainda é a vivência cristã dos pais. Que sentido tem mandar os filhos à missa, orientá-los a comungar, a se crismar e eles próprios não participarem da missa, da confissão, da comunhão e da oração?

Como seria edificante se todos juntos, pais e filhos, vivessem momentos de profunda intimidade com Jesus. É o que se fazia na família de Santa Teresinha do Menino Jesus. A oração e a confiança em Deus não eram apenas recomendadas. Eram vividas cotidianamente, e as cinco filhas respiravam o extraordinário poder formador da oração.

> Em nossa casa, lembrava na velhice Celina, irmã, companheira de brincadeiras e "amiga de coração" de Teresa, a educação tinha como principal eixo a piedade. Havia toda uma liturgia do lar: oração da noite em família, mês de Maria, ofícios do domingo, leituras devotas na Vigília. Minha mãe me pegava em seus joelhos para me ajudar a preparar minhas confissões, e era justamente à confidência de suas filhinhas que se dirigia sempre.

E Santa Teresinha podia escrever de seu pai: "Bastava olhá-lo para saber como rezam os santos".

Seria igualmente recomendável lembrar o dia do batismo de cada membro da família e rezar de modo particular para comemorá-lo. É importante o dia do nascimento, mas mais importante ainda é o dia em que Deus nos transformou em seus filhos amados.

Enfim, se uma família é impregnada de Deus e é apaixonada pelo Evangelho, sente uma vontade irresistível de comunicar às outras famílias a riqueza e a beleza de ser e de viver como autênticos cristãos.

O papel especial do pai e da mãe de família

Querendo nos mostrar o papel concreto do pai e da mãe, Deus nos deu um modelo excepcional: a família de Nazaré. Nela, o pai de família – José

– é, sim, um simples carpinteiro, mas é também um verdadeiro sacerdote, chamado a consagrar a Deus o seu trabalho e a sua casa; a ele Deus confiou a guarda de seu Filho amado.

A mãe – Maria – é uma simples dona de casa, que limpa, lava, cozinha, mas o seu Filho é o próprio Filho de Deus.

Pais e mães de família carpinteiros, lavradores, professores, políticos, lojistas, varredores de rua, empregadas domésticas, babás são chamados a consagrar tudo o que tocam e, sobretudo, a transformar seus próprios filhos em filhos de Deus.

Em José os homens devem descobrir o seu papel precioso, o de proteger os seus filhos e as suas esposas contra os Herodes de hoje.

De Maria as mulheres devem aprender a visitar e a assistir pessoas necessitadas (como Isabel), a levar os seus filhos ao templo e a fazer com que eles, como Jesus, ajudem pessoas necessitadas, mudando a água em vinho, a tristeza em alegria.

Nazaré nos ensina que não existe uma identidade e sim uma complementaridade de papéis numa família; todos eles convergem para edificar a casa de Deus em que os pais não criam os filhos só para si, mas para que eles, como Jesus, sejam capazes de se doar e de construir um lar, uma Igreja, uma sociedade segundo o Projeto de Deus.

A catequese

A família não basta a si mesma. Toda família é destinada a se abrir. Os pais confiam, então, os seus filhos a uma escola, a um clube, a uma organização. Há pais cristãos preocupados em providenciar para seus filhos entidades que garantam a vivência da fé. A catequese se torna uma opção. Trata-se de um grupo vivo em que catequistas e catequizandos, juntos, querem conhecer, amar Jesus Cristo e reproduzi-lo na própria vida. A catequese, mais que uma teoria, é uma prática; nela busca-se conhecer mais Jesus para amá-lo e imitá-lo melhor, não de maneira individual, e sim comunitária. O único mestre é Jesus. O catequista é como um intermediário e os catequizandos, irmãos que se amam e se ajudam a concretizar na sua vida, na sua casa, na rua, na escola, a presença viva de Jesus. Eles, portanto, serão verdadeiros amigos, e se ajudarão a crescer em tudo: na amizade, na fraternidade, na fé. Terão a grande preocupação de se ajudar reciprocamente, de se visitar, especialmente em caso de doença, de participar possivelmente juntos da missa ou do culto dominical. Enfim, a catequese não é uma hora de aula semanal, mas é uma vivência continuada de um grupo de amigos que se reúnem ao redor de Jesus e querem viver à maneira dele.

O catequista deve encontrar Jesus, fazer uma experiência viva dele, apaixonar-se por ele, tornar-se seu discípulo amado, criar em si os olhos e o coração de Jesus para ver e amar o que ele vê e o que ele ama. O catequista, como os Apóstolos quando voltavam das suas pregações, contam tudo a Jesus: a situação, as dificuldades e os sofrimentos dos seus catequizandos e das famílias deles. Procuram ajudar os seus amigos a ver, julgar, agir, celebrar, a ter pena do povo, a ter a mesma sede de Jesus.

Uma missão especial pode ser a de um cristão apaixonado por Jesus que aceita introduzir ou acompanhar uma pessoa, uma família ou um grupo que deseja conhecer melhor a fé cristã e abraçá-la com mais decisão. Tentará fazer com eles uma caminhada de conversão, deixando-se iluminar pela Palavra de Deus, pela celebração litúrgica e pela caridade.

Quais os passos a serem dados

O mundo caminhou, mudou; em parte melhorou e em parte piorou. Para os discípulos de Jesus, foi extremamente maravilhoso conhecê-lo, experimentar o seu carinho, assistir à sua morte aceita por amor, sentir-se enviados em missão acompanhados pelo Espírito, amparados pela promessa de que ele estaria presente até o fim do mundo. Tudo isso lhes deu tamanha força que muitos até deram a vida para testemunhar o mistério de um Deus que se fez um de nós e se ofereceu em sacrifício para nos salvar.

Foi duro, difícil e perigoso ser cristão nos primeiros três séculos. A partir de então a religião cristã passou a ser a religião do Estado. Ser cristão era um privilégio. Todos pediam o batismo, para si e para as suas crianças. O *caminho* que inicialmente os neoconvertidos percorriam, e que exigia um grande esforço de conversão, foi aos poucos abandonado. Batismo, Crisma, Eucaristia foram-se tornando um fato mais cultural que escolha e caminhada pessoal. Hoje estamos neste impasse: como fazer para dar vida nova e novo impulso ao tesouro que Cristo nos deixou? Como ajudar os nossos irmãos a fazer uma escolha profunda e total de Cristo e do seu Projeto?

Devemos redescobrir a primitiva caminhada catecumenal, devolver aos sacramentos de iniciação o seu papel de autêntica conversão e de aceitação total de Cristo e do seu Reino.

O *Batismo*, portanto, deve ser a ratificação do empenho de vida pautada sobre Cristo. Trata-se de um renascer. É um tornar-se "filhos no Filho". É fazer acontecer aquilo que ocorreu no batismo de Jesus: o céu se abre, o Espírito Santo desce e se apodera do batizado, e o Pai o proclama seu filho amado.

Na *Crisma* assume-se pessoalmente o Batismo e se acrescenta a consagração e o envio em missão por parte do Espírito Santo. "Recebereis uma força do alto", disse Jesus a seus discípulos (Lc 24,49). O Espírito Santo, portanto, consagra definitivamente a pessoa à Santíssima Trindade, a faz assumir o próprio batismo, infunde-lhe força e coragem, a faz apaixonar-se pela justiça e pela paz, a envia em missão, de modo que cada crismado se torna um autêntico missionário.

A *Eucaristia* é a transformação total do cristão, que assim pode dizer com São Paulo: "Sou eu que vivo? Não, não sou mais eu que vivo, mas é Cristo que vive em mim". Jesus se doa ao cristão em forma de pão, e o convida a deixar-se transformar em pão que todos têm o direito de comer. Assim, a Eucaristia o coloca no coração da Santíssima Trindade e no coração do mundo. Alimentado pela Eucaristia, o cristão pode amar o Pai e todos os irmãos com o mesmo coração de Jesus. O Pai o ama com o mesmo amor com que ama seu Filho Jesus e o plenifica com o seu Espírito. Esse Pai o faz ouvir a sua voz, quer que este seu encontro com o Corpo e Sangue do seu Filho seja verdadeiramente transformador e não um simples ritual que não muda nada. E repete ao cristão o que já disse através dos profetas: "De que me serve a multidão dos vossos sacrifícios? Cessai de fazer o mal, aprendei a fazer o bem, respeitai o direito, protegei o oprimido, fazei justiça ao órfão, defendei a viúva" (Is 1,11-17).

O que importa é "Romper as cadeias injustas, desatar as cordas do jugo, repartir seu alimento com o que tem fome, dar abrigo aos infelizes sem asilo, vestir os maltrapilhos e não desviar-se de seu semelhante" (Is 58,6-7).

"Não vos fieis em palavras enganadoras. Importante é vós reformardes vossos costumes e modos de proceder, se verdadeiramente praticardes a justiça; se não oprimirdes o estrangeiro, o órfão e a viúva; se não espalhardes neste lugar o sangue inocente" (Jr 7,4-7).

O Pai mostra-se defensor apaixonado de todos os seus filhos, especialmente daqueles privados do pão de cada dia. O "pão dos indigentes é a vida dos pobres; aquele que lho tira é um homicida. Quem tira de um homem o pão do seu trabalho é como o assassino do seu próximo. O que derrama o sangue e o que usa de fraude no pagamento de um operário, são irmãos" (isto é, são criminosos da mesma forma) (Eclo 34,18-22).

Como pode comungar com Cristo, o Pão verdadeiro, aquele que rouba o pão do seu irmão faminto? Muitas vezes falamos de Eucaristia e de justiça separadamente. Existem páginas belíssimas de uma e de outra, mas sem nenhuma vinculação obrigatória. É preciso começar a pensar que as duas são *inseparáveis*. Com facilidade excluímos da comunhão amasiados, divorciados; nunca excluímos gente injusta, que acumula e oprime. Como fazer para que os dois aspectos (Eucaristia e defesa dos injustiçados; partilha do pão eucarístico e partilha do pão de cada dia) fiquem absolutamente inseparáveis? Nós tivemos a ventura de ter um irmão-Deus, mas o matamos. Queremos continuar a matá-lo?

Resumindo: são estes os objetivos da Eucaristia:

– Fazer-se defensor da *vida*; a missa torna real a morte de um *inocente*. Chega de matar!

– Viver em *comunhão*, tornar-se Cristo na sua relação com a *Trindade*, com a *Igreja* e com o *mundo inteiro*. Nada pode construir a Igreja, a casa comum, mais do que a Eucaristia. Os Atos dos Apóstolos nos relatam a admiração dos pagãos que diziam dos cristãos: "Vê como se amam!".

– *Partilhar*: repartir não só o pão Eucarístico, mas também o pão de cada dia.

Uma vez encaminhado nesta vida nova, assumida por uma decisão íntima e profunda, o cristão se sentirá membro vivo de uma comunidade apaixonada pelo Reino, que se empenha em:

– cristificar (batizar) o mundo;

– consagrar (crismar) o mundo;

– reconciliar o mundo, ajudando o homem e o nosso mundo despedaçado a reencontrar Deus e os irmãos na misericórdia, no perdão, na justiça e na paz;

– "eucaristizar" o mundo, introduzindo comunhão, partilha, eliminação de todo tipo de exclusão.

Uma caminhada exemplar: o caminho de Damasco

Havia um homem, de nome Saulo, a caminho de Damasco. Caminho de ódio e de maldade. Só de ouvir o nome de Saulo os cristãos tremiam. Fanático judeu, tinha assistido ao apedrejamento de Estêvão e queria acabar, segundo ele, com a "seita"dos cristãos: "[...] respirando ameaças e morticínios contra os discípulos do Senhor" (At 9,1). Mas no caminho, uma luz e uma voz: "Saulo, Saulo, por que me persegues?". "Quem és tu, Senhor?" "Eu sou Jesus, a quem tu persegues." O caçador é caçado. Alguém está à espreita e espera por ele: "Este homem é para mim uma pessoa escolhida para levar o meu nome diante dos gentios, dos reis e dos filhos de Israel. Eu mesmo lhe mostrarei quanto lhe será preciso sofrer por causa do meu nome" (At 9,15-16).

Saulo ia numa direção, alguém mudou seu caminho. Foi uma inversão total, uma conversão profunda, uma inversão em U. Quando Deus "pega" alguém, seu caminho de torto se torna reto, de escorregadio se torna salvífico. Mas não sem uma reviravolta de todo o seu ser. Paulo ficou cego, interiormente desestruturado, à procura de luz. Mas ele acreditou e começou a enxergar de maneira nova e muito mais profunda; recomeçou a ver, não mais com os seus olhos e sim com os próprios olhos de Jesus. Repetidamente Paulo dirá que ele foi como um símbolo do amor misericordioso de Deus. Se ele, quase um aborto, indigno de ser chamado apóstolo, recebeu tamanha graça, ninguém tem motivo para desesperar. Onde abundou o pecado, lá superabundou a graça (cf. Rm 5,20). Nenhum caminho é fechado, sem esperança. Deus está no meio de cada caminho, para nos levantar com a sua luz e a sua voz. Depende dele, mas também de nós querer mudar o nosso caminho e fazer com que se torne caminho de salvação. Ninguém, como Paulo, se apaixonou tanto por Jesus, anunciando o seu nome, o seu amor, o seu Evangelho até os últimos confins da terra. Conhecer Jesus é amá-lo, amá-lo é imitá-lo e, enfim, é anunciá-lo.

A HERANÇA DE JESUS: QUEM IRÁ CONTINUAR A SUA MISSÃO?

O evangelho de Marcos (1,29-39) afirma: "De madrugada, quando ainda estava escuro, Jesus se levantou e foi rezar num lugar deserto. Simão e seus companheiros foram à procura de Jesus".

Já vimos que Jesus vive no coração do Pai. De madrugada, quando todo mundo dorme, ele sai para ficar a sós com o Pai. O Pai é tudo para Jesus. Ele ama o Pai, quer fazer a vontade do Pai, quer que se realize o Reino de Deus no mundo.

Do mesmo modo que os Apóstolos, devemos ir à procura de Jesus para que, também nós, possamos mergulhar no coração do Pai, aprender a fazer a sua vontade e a realizar os seus projetos. Justamente à maneira de Jesus.

Ora, o que é que Jesus faz para nós, seus irmãos? Duas coisas: ele nos cura de toda doença, física e espiritual, do mesmo modo que ordenou à sogra de Pedro doente que se levantasse e curou as muitas pessoas aglomeradas na frente da casa onde ele estava.

Mas Jesus não para aí. Ele quer que todos conheçam o amor que o Pai dedica a cada um de nós. "Vamos a outros lugares, às aldeias das redondezas! Devo pregar também ali, pois foi para isso que eu vim" (Mc 1,38).

E nós? Jesus quer que sejamos como ele e que, como São Paulo, possamos dizer: "Sou eu que vivo? Não, não sou mais eu que vivo, mas é Cristo que vive em mim". Portanto, devemos fazer duas coisas: curar os doentes e evangelizar o mundo.

Curar os doentes: ir visitá-los nas casas, consolá-los, fazer com que se levantem da sua prostração, como fez Jesus com a sogra de Simão Pedro, que imediatamente, uma vez curada, se colocou a serviço da comunidade. Mas devemos curar outros tipos de doença que assolam muitas pessoas, impedindo-as de sentir gosto pela vida, pela fé, pela honestidade, levando-as a se entregar a bebedeiras, drogas, devassidão.

Evangelizar o mundo: o cristão que quer ser como Jesus não pode pensar só em si mesmo, limitar-se a fazer as suas práticas de devoção, mas deve sair, ir aos becos mais distantes, chegar até os mais afastados, anunciar a todos o amor que Jesus tem por eles.

IGREJA MISSIONÁRIA

A missão da Igreja é a de fazer do mundo uma só família em que Deus é o único Pai e os homens são todos irmãos. Nossa paróquia, nossa comunidade é assim? Ou ela se revestiu de ritualismo, de legalismo, de funcionalismo, se fechou em si mesma?

É claro que ela deve saber o que deseja ser, o que deve anunciar, a quem e como.

Todos nós estamos cheios de ideias, de ideais, de metodologias e, muitas vezes, pensamos que tudo isso está em plena sintonia com Cristo e com seu Evangelho. Mas pode existir o perigo de, às vezes, confundirmos ideais com "ideologias", nas quais prevalecem princípios que legitimam os nossos interesses, o nosso poder, a nossa preguiça, a incapacidade de aceitar outras culturas, outros ritos, a falta de disposição para passar a outros as responsabilidades e a direção da comunidade.

Podem existir situações às quais nos acomodamos, podem existir privilégios.

O que podemos e devemos fazer? Ser repetidores fiéis de esquemas já feitos ou reproduzir o frescor do Evangelho com imaginação, criatividade e amor?

Certamente o núcleo central da revelação de um Deus que nos ama infinitamente e nos mostra o seu rosto e a sua salvação em Cristo foi experimentado e vivido por muitas das nossas comunidades. Às vezes, porém, foram-se introduzindo atitudes, ritos e práticas sem sentido, até mundanas ou pouco condizentes com a fé cristã (por exemplo, a procura de riqueza e de poder, o esquecimento dos pobres e dos injustiçados, a falta de respiro universal que leva à despreocupação com os distantes e os afastados).

Os cristãos, portanto, devem preocupar-se em voltar continuamente às fontes para beber sempre e só da "água viva".

A Igreja é sacramento de Cristo, o batizado é sinal de Cristo. Mas, como todo sinal, a Igreja e o cristão podem tornar Cristo presente e, ao mesmo tempo, escondê-lo.

Portanto, uma comunidade cristã vive dramaticamente a sua missão, temendo manifestar a si mesma, o seu mundo, os seus interesses, os seus gostos em vez de manifestar Deus e as suas boas notícias.

É indispensável que os cristãos mantenham ativos o espírito e a criatividade, se deixem tomar pelo impulso e pela coragem de descobrir e realizar, sempre de novo e mais profundamente, o sonho de Deus, muitas vezes ocultado e ameaçado pelas atuações humanas.

Uma comunidade cristã, se quer mesmo ser missionária, deve procurar viver as três atitudes que seguem.

1. A primeira atitude é a de desconfiança a respeito dos próprios conhecimentos e da própria atuação e a de procura constante da maneira sempre nova e mais adequada de falar de Deus e das suas preferências. Nenhuma ação, nenhum ser humano, nem a própria Igreja são adequados a expressar Deus em sua totalidade e o seu mistério, para todos os homens e de todos os tempos. Muitas vezes podem até se tornar obstáculo à sua compreensão. É indispensável, portanto, se questionar, voltando continuamente a meditar sobre aquele Deus que se revela na Bíblia, na Tradição, na vida vivida pelos seus filhos, como também por toda a humanidade. Esse Deus que – de modo especial e único – se manifestou em Jesus Cristo. A Jesus devemos voltar constantemente e nos confrontar com a sua pessoa, a sua mensagem, os seus métodos, as suas preferências. Desconfiar da nossa maneira de falar de Deus e estudar a maneira mais adequada para reproduzir o Cristo.

2. Uma comunidade missionária deve pregar Deus-Trindade-Comunhão, que nos ama tanto, a ponto de nos dar o Filho, que se encarna, se torna um de nós, está disposto a morrer por nós e, de fato, se oferece como sinal supremo de amor. Em Cristo somos salvos e, enxertados no Corpo dele, nos tornamos gente nova, membros da mesma família da qual Deus é Pai-Mãe, dispensador de misericórdia e de perdão. O cristão que quer ser missionário deve se tornar anunciador dessa imensa riqueza e não pode reduzir-se a ser juiz, inquisidor, guarda de leis e ritos considerados intocáveis e eternos.

3. Se Deus ama tanto o ser humano, o cristão missionário também deve ter uma atitude de grande amor e respeito por todas as manifestações humanas (cultura, organização, língua, até religião). De maneira particular, o missionário deve tornar-se defensor dos últimos, dos mais pobres e injustiçados, não só da sua pequena comunidade, mas também do mundo inteiro.

Podemos até dizer que também manifestações antievangélicas não podem ser motivo de menor amor por aqueles que as realizam.

Atitudes de desconfiança, discriminação e superioridade não são cristãs e são indignas de um anunciador das boas notícias de Deus.

"No momento em que acreditamos que tudo o que há de bom no mundo vem de Deus, podemos também deduzir que tudo o que humaniza e enobrece em cada religião ou ideologia deriva fundamentalmente da fonte divina e deve ser respeitado como tal" (Tissa Balasuriya).

Concluindo: o cristão missionário é profundamente apaixonado por Cristo e pelo ser humano. Por isso ele está sempre à procura do sentido genuíno e profundo de Cristo e do seu mundo e, ao mesmo tempo, avizinha-se do ser humano com imenso respeito e delicadeza. Preocupa-se com cada ser humano, de maneira particular com os mais afastados e marginalizados, pois cada um deles custa o próprio sangue de Cristo.

O missionário estará presente lá onde se constrói e se humaniza. Ele estará presente lá onde se defende o ser humano, onde se derrota a arrogância e a violência, onde se luta para reconduzir ao convívio dos filhos de Deus o ser humano marginalizado por qualquer motivo (raça, cultura, religião, idade, sexo, doença etc.).

O fato de alguém pertencer a outros povos, até a outras religiões, não pode ser motivo de menor estima. Aliás, missionário inteligente é aquele que ajuda os outros a viver os valores genuínos da sua cultura e até da sua religião. Não ter medo que o bem seja feito por outros, ao contrário, alegrar-se que o Pai de todos se manifeste além das nossas expectativas. Ser feliz por Deus nos ter introduzido no mistério do seu coração, e se alegrar também por todas as manifestações que ele faz de si mesmo aos outros irmãos. Todo bem que se faz no mundo é dom de Deus.

Enfim, o missionário não guarda esse maravilhoso tesouro só para si, mas faz de tudo para contagiar o maior número de pessoas possível, para que também se tornem apóstolos, anunciadores, realizadores do sonho de Jesus.

Todos os cristãos, portanto, mas de maneira particular os novos profetas do Reino, os cristãos engajados, os religiosos e os sacerdotes, são chamados a continuar a missão de Jesus.

Mateus, Marcos e João nos contam que Jesus, numa noite de vento, foi visto pelos discípulos caminhando com segurança na superfície de um mar agitado. Mateus acrescenta que Pedro também quis fazer a mesma experiência, mas o resultado foi desastroso. Começou a afundar. Com o desespero nos olhos, gritou por ajuda. Jesus estendeu a mão prontamente e o segurou, repreendendo-o: "Homem fraco na fé, por que duvidaste?" (Mt 14,22-23). Esse trecho do evangelho vai nos iluminar a respeito da vida e do papel do cristão. O cristão é alguém que viveu muitas vezes o drama do afundamento; que fez a experiência de uma mão estendida para salvá-lo; que quer viver profeticamente a sua existência, tornando-se, por sua vez, mão estendida.

O drama do afundamento

Quando Jesus preparou os seus profetas, permitiu que eles experimentassem a fraqueza, a instabilidade, a insegurança. Pedro experimentou, de várias formas, o drama humano de quem não consegue pisar em terra firme. Ele se tornou discípulo daquele que nem pedra possuía por travesseiro (cf. Lc 9,58), mas, antes, precisou fazer a experiência do afundamento físico (cf. Mt 14,30) e da velhacaria moral, renegando o seu Mestre (cf. Mt 26,69-75). Foi repreendido asperamente pelo próprio Jesus (cf. Mt 16,23) e por Paulo (cf. Gl 2,11). Mas a esse homem, "fraco na fé", (cf. Mt 14,31), Cristo confiou a sua comunidade (cf. Mt 16,18), e lhe conferiu o papel de confirmar os seus discípulos (cf. Lc 22,32) e de apascentar as suas ovelhas (cf. Jo 21,17). Acontece o mesmo com os outros profetas. Para receber confiança (cf. Lc 23,46; Hb 12,3), precisam antes ter experimentado o desânimo e até o desepero (cf. Lc 22,40; Mt 27,46). Para compreender os pobres, precisam ter sido repelidos (cf. Lc 2,7). Para saber enxugar lágrimas (cf. Ap 21,4), precisam ter chorado bastante (Mc 14,34; Hb 7,7).

A graça de uma mão estendida

Quando tudo estava perdido, uma mão estendida salvou Pedro (cf. Mt 14,31). Esta é a segunda característica do missionário e do profeta. Pedro não poderia ter sido quem foi se tivesse ficado só na experiência do afundamento, do fracasso, do desespero. É preciso experimentar a graça da salvação; fazer a experiência de um Deus que está perto, que estende a mão, que salva. Essa experiência é qualificante. Sem ela não há profeta. Do mesmo modo, não seria suficiente Moisés experimentar o sofrimento do povo e a própria incapacidade de libertá-lo. Teve de passar pela experiência da graça e entrar na intimidade com Deus. A pele do seu rosto precisava se tornar brilhante por causa da sua conversa com o Senhor (cf. Ex 34,29). Com Isaías se passou a mesma coisa. Ele sabia que era um homem de lábios impuros (cf. Is 6,5). Mas Deus se fez presente como fogo abrasador, para purificar-lhe a boca e deixar na sua memória um marco indelével (cf. Is 6,7).

Ser profeta hoje

Como vimos, o cristão deve ser o profeta do mundo novo, à maneira de Abraão, de Mosiés, de Isaías, de Paulo Apóstolo.

A Abraão Deus pediu que fizesse a experiência de ser "peregrino e estrangeiro" nesta terra (cf. Hb 11,13), para poder lutar pela Terra Prometida. Precisou fazer a experiência da esterilidade, para desejar a fecundidade e se tornar o "pai de todos os crentes". Homem sem terra e sem filhos, ele precisou entender que esta terra não é a sua casa definitiva. A sua pátria verdadeira – e também a nossa e a de nossos descendentes – é o céu, a casa de Deus.

Só quando Moisés experimentou a dureza da vida dos hebreus (cf. Ex 2,11) é que "renunciou a ser filho de uma filha do Faraó. Preferiu ser maltratado com o povo de Deus a gozar por um tempo do pecado. Ele considerou a humilhação de Cristo uma riqueza maior do que os tesouros do Egito, por ter os olhos fixos na recompensa. [...] deixou o Egito, sem temer o furor do Rei e resistiu, como se visse o invisível" (Hb 11,24-27).

Eis aqui as feições do profeta: "ser maltratado com o povo" e "ter os olhos fixos na recompensa"; viver sem os privilégios dos grandes, na lama, nas favelas, nos cortiços, "como se ele visse o Invisível". O profeta não se pertence. Ele não vive em função de si próprio. Ele vive em função do povo – em benefício do qual é constituído profeta – e, como ele, se torna o *servo sofredor* que conhece a dor, o sofrimento, a humilhação. Um profeta que vive em palácios, a quem nada falta, que é respeitado e prestigiado, já é suspeito. Ele não pode conhecer a vida e o desespero do povo a quem é enviado: um povo sem terra, sem filhos, sem liberdade, sem voz. Experimentar tudo isso é indispensável para que o profeta se coloque no mesmo eixo de Cristo, que "em vez da alegria que lhe foi proposta, ele se submeteu à cruz" (Hb 12,2).

O profeta pertence à geração dos sacerdotes do Antigo Testamento a quem era proibido possuir terras, para não se deixarem dominar pela ganância e para se tornarem guardiões da partilha e da transcendência. Ser profeta, hoje, é viver com o povo a falta de segurança, de moradia, de terra, o que não significa acomodar-se numa paciência determinista que tudo aceita em silêncio. É preciso saber o que o povo passa, as opressões a que é submetido, para denunciá-las e para lhe transmitir fé e esperança. Não é permitido "vender o justo por dinheiro e os pobres por um par de sandálias" (Am 2,6). Não se pode juntar casa a casa, campo a campo, deixando os outros sem casa e sem terra (cf. Is 5,8). Não é lícito assistir passivamente ao drama daqueles que constroem casa e não têm casa para morar, daqueles que trabalham a terra e não têm o que comer.

Um dos sinais messiânicos, isto é, da presença operante de Cristo, é o de que o pedreiro que constrói casas, tenha casa; o lavrador que planta e cultiva, tenha pão (cf. Is 65,21). A falta disso, como muitas vezes acontece hoje, denuncia a ausência do Reino. O profeta sabe que pão, casa, terra não são o Reino, mas sabe também que se essas coisas faltam é porque se está vivendo no cativeiro. Portanto, o profeta, justamente porque fez a experiência do *Invisível* e da sua graça libertadora, não pode admitir um sofrimento causado pela ganância e pela injustiça. Ele lutará e colocará à disposição a sua vida e o seu sangue, porque acredita que Deus não chamou o homem para uma vida desumana, mas planejou para ele novos céus e nova terra (Is 65,17).

As escolhas concretas

A escolha fundamental (viver ou não viver o projeto "Deus-em-mim") é concretizada na vida de cada pessoa segundo seu estilo próprio. Assim, nós temos a profissão de operário, professor, comerciário, dona de casa, pai de família, religioso, padre, entre outras. Consideremos a vocação dos leigos e a missão dos padres.

A VOCAÇÃO DOS LEIGOS

A Igreja é a comunidade dos convocados, dos chamados a realizar o povo novo, a humanidade, a família dos filhos de Deus. A tentação constante do ser humano é a de criar elites e de rebaixar os outros, enquanto o Projeto de Deus é o de realizar o mundo dos irmãos, iguais em dignidade e originais no desenvolvimento de seus papéis. Para entender melhor o papel dos leigos, vamos aprofundar alguns itens.

Um "leigo" chamado Jesus Cristo

Cristo pertence à tribo de Judá (cf. Mt 1,3) e não à de Levi. Ele não pertence à classe sacerdotal. Não é escriba (cf. Jo 7,15) nem fariseu. Não é de sangue nobre, nem de família rica. É um do povo. Os próprios pequenos se escandalizam dele: "Não é este o carpinteiro, o filho de Maria, irmão de Tiago, Joset, Judas e Simão? E as suas irmãs não estão aqui entre nós?" (Mc 6,3). "De Nazaré pode sair algo de bom?" (Jo 1,46), pergunta Natanael. Os próprios parentes suspeitam que Jesus tenha ficado louco (cf. Mc 3,21), os doutores da lei o acusam de ser possuído pelo demônio e de realizar milagres por meio de Belzebu (cf. Mc 3,22). Fariseus e sacerdotes indignados perguntam a Jesus: "Com que autoridade fazes estas coisas?" (Mc 11,28). É verdade que ele fala com autoridade! (cf. Mc 1,22), mas não se trata de uma investidura legal, exterior, mas de uma autoridade moral, fruto de uma postura ética e de uma coerência pessoal.

Jesus não é ministro de uma religião, não tem direito de organizar ritos, cultos, liturgias. É um hebreu qualquer, que se veste e vive como um do povo. Afinal, é um "leigo", ou seja, um que pertence ao "laós", ao povo. Por sinal, na visão hierárquica e puritana das pessoas consideradas "superiores" na sua religião, é um leigo "mau", até "escandaloso": arroga-se poderes que só são de Deus – perdoa pecados (cf. Mc 2,5), se rodeia de pecadores (cf. Mc 2,14; Lc 7,39), come e bebe com eles (cf. Mc 2,16), não guarda o jejum (cf. Mc 2,19), não respeita as tradições (cf. Mc 2,23), não observa o sábado (cf. Mc 3,1-6); desrespeita a sacralidade do Templo, expulsando de modo violento os vendilhões (cf. Mc 11,15), não faz as abluções prescritas (cf. Lc 11,38). A hierarquia sacerdotal de sua religião investiga o comportamento dele, que enfrenta suspeitas, acusações, denúncias, tribunais, condenações, morte. Considerado blasfemo, é crucificado entre malfeitores, fora da cidade.

A leitura dos fatos é clara: os sacerdotes institucionais se desfazem do "leigo" Jesus de Nazaré.

Mas essa é uma leitura humana apenas. Existe uma segunda leitura, mais profunda, aquela que o próprio Jesus faz: "Eu dou a vida por minhas ovelhas" (Jo 10,15); "Por isso o Pai me ama, porque dou a minha vida para retomá-la. Ninguém ma arrebata, mas eu a dou livremente, tenho poder de entregá-la e poder de retomá-la" (Jo 10,17-18).

Acontece então o inesperado. Os "sacerdotes", no momento em que eliminam o "leigo" Jesus, ficam privados da sua capacidade de ser intermediários entre Deus e o seu povo, enquanto o "leigo" Jesus se torna o único mediador, aquele que refaz a ponte entre céu e terra e oferece como sacrifício não vidas alheias ou carnes de animais, mas oferece a si mesmo, tornando-se, no mesmo instante, sacerdote e vítima. É o "leigo" que se torna "sacerdote". É a revolução "laical". É o povo elevado a "povo sacerdotal", a "raça eleita".

Jesus mostra qual é o caminho para se chegar a isso: não a pertença a uma casta, a uma elite, ao poder; não um sacerdócio transmitido por sangue, mas confiado a pessoas que, no meio do povo, estão dispostas a oferecer a si mesmas, transformando-se, como Cristo, em sacerdotes e vítimas. O direito de Cristo de ser sacerdote não lhe veio por pertencer à tribo de Levi. "Ele entrou uma vez por todas no santuário, não com o sangue de bodes e de novilhos, mas com o próprio sangue, obtendo uma redenção eterna. De fato, se o sangue de bodes e novilhos, e se a cinza da novilha, espalhada sobre os seres ritualmente impuros, os santifica purificando os seus corpos, quanto mais o sangue de Cristo que, pelo Espírito Santo, se ofereceu a si mesmo a Deus como vítima sem mancha, há de purificar a nossa consciência das obras mortas para que prestemos um culto ao Deus vivo" (Hb 9,12-14).

O direito que esse homem do povo tem de ser sacerdote – o verdadeiro e único sacerdote – lhe adveio de seu corpo "doado" e de seu sangue "derramado" (Lc 22,19s).

Uma comunidade de "leigos"

O grupo que Jesus escolheu para formar uma comunidade diferente, início e ensaio de uma nova sociedade, foi um grupo heterogêneo, formado de pescadores, pastores e agricultores. Havia um cobrador de impostos. Ao grupo pertencia também um zelota (hoje o chamaríamos de guerrilheiro contra o poder de Roma), várias mulheres, inclusive de má fama (Maria Madalena, Joana, mulher do procurador de Herodes, e outras) (cf. Lc 8,2-3). Não consta que do grupo fizessem parte sacerdotes. Ao contrário, os sacerdotes sentiam-se ameaçados por esse homem que não se sujeitava a seu poder "sagrado". O grupo dos discípulos era, portanto, um grupo de "leigos". Povo mesmo.

Aos poucos foram aprendendo da boca, mas sobretudo da vida de Jesus, quais são os valores verdadeiros, os critérios de ação, os modelos a seguir. O que vale não é pertencer ao povo eleito, à classe sacerdotal, nem mesmo à família carnal de Jesus (cf. Mc 3,32). O critério definitivo de julgamento é fazer a vontade do Pai (cf. Mc 3,35).

Não basta ser sacerdote, celebrar ritos, conhecer leis, ensinar o povo. Nada adianta ser sacerdote ou levita quando se deixa o irmão assaltado à beira do caminho (cf. Lc 10,31-32). Não importa ser chamado de samaritano (herege, estrangeiro, impuro, pecador); o que vale realmente é cuidar do irmão ferido. "Vai, e também tu faze o mesmo", diz Jesus ao doutor da lei (cf. Lc 10,37). Convivendo com Jesus, os discípulos aprenderam quais são as religiões e os cultos verdadeiros, quem são os verdadeiros sacerdotes, os verdadeiros construtores do Reino. Não é o sangue nem a instituição que mais valem no mundo novo, mas a atitude interior do coração e a doação ao Projeto do Pai. "Felizes as entranhas que te trouxeram e os seios que te amamentaram" (Lc 11,27), gritou uma mulher a Jesus. "Felizes, antes, os que ouvem a Palavra de Deus e a observam" (Lc 11,28), respondeu Jesus.

Os discípulos se deram conta de que Jesus era um homem que se doava completamente, que vivia em total disponibilidade ao Pai e aos irmãos. Ele sequer tinha tempo para comer (cf. Mc 3,20; 6,31). As multidões exigiam a atenção dele o tempo todo (cf. Mc 6,31; 2,2). Para ficar a sós com o Pai, teve de roubar o tempo de sono (cf. Mc 1,35).

Os discípulos entenderam, com a própria vida de Jesus, que o sacerdócio novo é um ministério de serviço, significa lavar os pés uns dos outros: "Dei-vos o exemplo para que, como eu vos fiz, também vós o façais" (Jo 13,15). Aprenderam que o sacerdócio novo é fazer a vontade do Pai, até a prova suprema: "Pai, se queres, afasta de mim este cálice! Contudo, não a minha vontade, mas a tua seja feita" (Lc 22,42). Aprenderam ainda que o sacerdócio novo implica refazer o mesmo percurso e os mesmos gestos de Jesus, oferecendo em sacrifício o próprio corpo e derramando o próprio sangue. "Fazei isto em memória de mim" (1Cor 11,25) não quer dizer ritualizar e narrar o que aconteceu com Jesus; quer dizer reviver o que Jesus fez: doar o próprio corpo e derramar o próprio sangue, ser um monumento vivo da maneira de ser sacerdote. Jesus, o "leigo", tornou-se sacerdote oferecendo a si mesmo como vítima, dando o seu corpo e o seu sangue para fazer a vontade do Pai e para servir os irmãos. Os "leigos" discípulos, embora permanecendo leigos, se tornam os sacerdotes do mundo novo quando, representando Jesus, se oferecem em forma de sangue derramado e de pão doado, que os outros têm o direito de comer. E o fazem em plena sintonia com o Projeto e a vontade do Pai.

Consagrados a formar um "povo" novo

Desde o começo, a comunidade dos seguidores de Cristo sentiu-se como que a herdeira das promessas, o sujeito da nova Aliança. "Vós sois a raça eleita, o sacerdócio real, a nação santa, o povo de sua particular propriedade" (1Pd 2,9). "Também vós, como pedras vivas, constituí-vos em um edifício espiritual, dedicai-vos a um sacerdócio santo, a fim de oferecerdes sacrifícios espirituais aceitáveis a Deus por Jesus Cristo" (1Pd 2,5).

O Espírito foi o artífice da comunhão. Ele foi derramado para que todos formassem um só povo (o novo povo de Deus) e falassem uma só língua: "Partos, medos e elamitas, habitantes da Mesopotâmia, da Judeia e Capadócia, do Ponto e da Ásia, da Frígia e da Panfília, do Egito e da parte da Líbia limítrofe de Cirene, romanos e adventícios, judeus e prosélitos, cretenses e árabes" (At 2,9-11).

A presença de "últimos" denuncia o fracasso do Projeto

O anúncio alegre do mundo de Deus (Evangelho) é feito de maneira particular aos últimos da terra: "O Espírito do Senhor está sobre mim, porque ele me ungiu para evangelizar os pobres" (Lc 4,18). Com imensa satisfação, Jesus podia dizer aos discípulos de João: "Aos pobres é anunciado o Evangelho" (Lc 7,22). Ana já havia profetizado: "O arco dos fortes se quebra, enquanto os fracos são revigorados; os saciados hão de se empregar por um pão, mas os famintos deixarão de labutar; e quem era estéril dará à luz sete vezes; definha, porém, a mãe de muitos filhos" (1Sm 2,5). "Do pó levanta o fraco e do monturo retira o indigente" (1Sm 2,8). E Maria exulta porque já vê, como que realizado, esse Projeto de Deus: "Dispersou os homens de coração orgulhoso. Depôs poderosos de seus tronos, e a humildes exaltou. Cumulou de bens aos famintos e despediu aos ricos de mãos vazias" (Lc 1,51-53).

Resumindo, pode-se dizer que a "boa notícia" de Jesus Cristo é a seguinte: não vai haver mais últimos! Ninguém ficará machucado, marginalizado, sem vez e sem voz. É a vez de todos, sobretudo dos pequenos. Cada homem é objeto de um amor infinito e misterioso de Deus. A cada um se podem aplicar as palavras dirigidas a Jeremias: "Antes mesmo de te formar no ventre materno, eu te conheci; antes que saísses do seio, eu te consagrei" (Jr 1,5). Os homens "são chamados segundo seu desígnio. Porque os que de antemão ele conheceu, esses também predestinou a serem conformes à imagem do seu Filho" (Rm 8,28s). Cada homem, portanto, foi pensado e criado para ser como que uma reprodução do Filho. É ele o "primogênito", portanto o modelo único conforme o qual os seres humanos são chamados a existir. Não há outro modelo. Portanto, não pode haver desigualdade entre os "muitos". O que pode haver é a diferença de serviço, e não a de se sentir amado, apreciado, valorizado.

Infelizmente desde o começo aparecem dentro da primeira comunidade, até no próprio grupo dos discípulos, tentações e riscos. Tiago e João ("Boanerges", isto é "filhos do trovão") pedem que o fogo caia sobre os samaritanos que não quiseram acolhê-los (cf. Lc 9,55); também cobiçam os primeiros lugares (cf. Mt 20,21), despertando a indignação nos outros Apóstolos (cf. Mt. 20,24).

Particularmente indignado fica Jesus quando os discípulos discriminam e rejeitam os pequenos, e quando mandam calar os cegos que gritam à margem do caminho (cf. Lc 18,39; Mt 20,31), quando querem afastar as crianças barulhentas (cf. Mc 10,13), ou quando querem impedir que outros se organizem, expulsem demônios, só porque não pertencem ao grupo deles (cf. Mc 9,38-40).

Para Jesus fica evidente que já se esgotou o tempo do poder, dos privilégios, das marginalizações. O único privilégio é o de amar e servir. Que os primeiros sejam os últimos e lavem os pés do outros (Jo 13,15). Ser pastor não implica percutir e marginalizar as ovelhas, mas preceder o rebanho e dar a vida por ele. Preceder não na honra, mas no enfrentamento de riscos, caso os lobos cheguem para devorar as ovelhas (cf. Jo 10,l-8.18).

Apesar desse posicionamento tão claro de Jesus, os discípulos e a primeira comunidade são sempre tentados a refazer um mundo com privilegiados e marginalizados. As viúvas dos hebreus têm precedência sobre as viúvas dos gregos (cf. At 6,1). Daí o mal-estar da comunidade. Hebreus dogmáticos e radicais querem que os gentios, para se tornar cristãos, se sujeitem às leis e tradições hebraicas (cf. At 15). Paulo será continuamente perseguido por "falsos irmãos". Em Corinto a Eucaristia, ao invés de ser partilha, torna-se uma ocasião de mostrar o próprio *status*. Até durante a Ceia (o mistério do sangue derramado e do corpo doado e partilhado), os pobres são desprezados e marginalizados (cf. 1Cor 11,17ss).

A presença do Espírito que se derrama em todos os fiéis com seus dons (carismas) ao invés de realizar a união e o serviço dá origem a posicionamentos de orgulho, de autossuficiência de um lado e de marginalização do outro: "Não preciso de ti [...] não preciso de vós" (1Cor 12,21).

É o fracasso do Projeto! O ministério da união torna-se motivo de divisão e discriminação. O ministério de animação e estímulo à criatividade e utilização de todos os dons do Espírito é minado pelo ciúme de quem almeja a primazia e abafa o Espírito que quer explodir em cada cristão.

Este é o pecado: abafar o Espírito, que quer caminho livre para realizar as suas maravilhas.

E assim continuam existindo os "últimos", gente que não tem como se expressar, a quem se impede de falar, de opinar, de decidir, de avaliar, de fiscalizar.

O poder, a ciência, a decisão, a norma, a lei, a sua aplicação dependem, às vezes, de um grupo muito pequeno, enquanto a maioria é reduzida a rebanho, a quem só compete seguir e obedecer.

O cristão de hoje é chamado a realizar o milagre da comunhão, da doação. Ele não pode se omitir e transferir esse papel aos sacerdotes e aos religiosos. O cristão, Corpo de Cristo, deve dar tudo de si para ajudar os irmãos, os pobres, os afastados, a realizar plenamente o seu privilégio de filhos amados de Deus.

Uma tentação perigosa pode ser a de se fechar em si mesmo, ou, no máximo, doar-se a um grupo reduzido de amigos. O cristão, da mesma forma que Cristo, é enviado ao mundo inteiro, para colaborar na construção de uma sociedade mais humana e fraterna. Não pode se omitir, dedicando-se somente à esfera religiosa; deve tornar-se protagonista também na ação social.

OS PROTAGONISTAS DA AÇÃO SOCIAL

A partir do século passado, verificam-se na Igreja grandes mudanças de pensamento e de orientações. Pio X, por exemplo, escrevia: "Só na hierarquia reside o direito e a autoridade de orientar e dirigir os associados ao fim da sociedade, ao passo que o dever da multidão é deixar-se governar e seguir com obediência a direção dos que regem" (encíclica *Vehementer* – 11/02/1906).

Já Pio XI faz uma distinção entre a "Doutrina sobre as matérias sociais e econômicas" (reservada ao Magistério da Igreja) e a "Ciência social e econômica" (de competência também dos *leigos*, que, porém, devem exercê-la "sob o Magistério e a guia da Igreja" – *Quadragesimo Anno* [QA], 20).

O Concílio Vaticano II, João XXIII, Paulo VI e, de maneira particular, João Paulo II, devolvem aos leigos a tarefa maravilhosa de construir uma sociedade igualitária, fraterna, cristã.

> Nesta hora magnífica e dramática da história, no limiar do Terceiro Milênio, novas situações, tanto eclesiais quanto sociais, econômicas, políticas e culturais, reclamam hoje, com uma força toda particular, a ação dos *fiéis leigos*. Se o desinteresse foi sempre inaceitável, o tempo presente torna-o ainda mais culpável. Não é lícito a ninguém ficar inativo (*Christifideles laici*, 3).

Por sua missão derivada do Batismo e não "por delegação" do bispo ou do pároco, o leigo recebe o chamado para o compromisso social e político. Ele tem a tarefa de "realizar na prática" o "Projeto de Jesus", e, portanto, a "proposta social" da Igreja.

Mas para passar de uma proposta da civilização do amor à sua realização dentro da sociedade exige-se uma mediação política.

Ora, de que modo a Igreja, para concorrer à edificação de uma nova sociedade, pode e deve tornar-se socialmente presente e politicamente ativa, sem confusões indevidas e sem invadir o campo alheio?

Aqui nasce o dever dos cristãos de estar presentes e ativos na vida social e política, para traduzir na realidade histórica os conteúdos do discurso social da Igreja.

João Paulo II anima os cristãos leigos e afirma que, não obstante todos os riscos, "os fiéis leigos não podem absolutamente abdicar da participação na política [...]. As acusações de arrivismo, de idolatria do poder, de egoísmo e corrupção [...] como a opinião (de que a política) é um lugar de necessário perigo moral, não justificam minimamente nem o ceticismo nem o absenteísmo dos cristãos pela coisa pública" (*Christifideles laici* [CL], 42).

Opção sociopolítica dos leigos

Passamos da modernidade à pós-modernidade. Estamos vivendo uma crise espiritual e moral profunda. É preciso mudar a mentalidade e os costumes. A Igreja pode ajudar?

"A missão própria confiada por Cristo à sua Igreja não é de ordem política, econômica ou social [...] e sim de ordem religiosa" (GS, 42). Portanto a Igreja, enquanto instituição, se autoexclui de intervir diretamente na práxis política. Essa autoexclusão, porém, não significa renúncia, passividade, indiferença, desinteresse.

Primeiramente, a Igreja pode e deve agir como *consciência crítica* da sociedade e ajudá-la a ser coerente com os valores evangélicos. Em segundo lugar, deve exercer a sua função pastoral de natureza *profética*, mostrando a direção e o sentido último da história, através da denúncia e do anúncio.

No entanto, cabe aos cristãos estar presentes, concretamente, na vida social e política para traduzir com coerência na realidade histórica atual os conteúdos e a visão cristã da sociedade.

Não podemos nos iludir pensando que a crise atual pode ser resolvida somente com meios técnicos (economia, política, concorrência, armas).

Paulo VI escreveu: "O homem só se pode realizar a si mesmo ultrapassando-se". "O homem pode organizar a terra sem Deus, mas sem Deus só a pode organizar contra o homem" (*Populorum progressio* [PP], 42).

A Igreja, especialmente com o Concílio Vaticano II, tem maior consciência da própria missão e da intrínseca relação entre evangelização e promoção humana. Ela se dá conta da importância determinante que a política tem na vida do homem e da sociedade. É uma das atividades indispensáveis, pois abrange os aspectos mais importantes da vida: família, trabalho, saúde, educação, casa, direitos humanos.

Tudo é política, porém a política não é tudo; não é capaz de preencher as aspirações mais profundas do homem (Deus, transcendência, ética).

Essa relativização da política não lhe tira a importância e a centralidade no plano político e no plano social. Mas é urgente renovar o modo de entender e de fazer política. É preciso dar-lhe uma "alma". O cristão é chamado a fazer isso, pois a promoção humana é parte integrante da evangelização (cf. GS).

A política, "forma elevada" de caridade

A Igreja vê no serviço social e político uma das formas mais elevadas de testemunho e de caridade cristã.

Pio XII disse que a política é "o campo da mais ampla caridade [...]; nada lhe é superior, exceto a religião".

O Concílio Vaticano II afirma: "A Igreja louva e aprecia o trabalho de quantos se dedicam ao bem da nação e tomam sobre si o peso de tal cargo, com sinceridade e retidão, com amor e coragem" (GS, 75).

Enfim, o cristão é chamado a viver o compromisso político como momento integrante da sua vocação cristã. Ele é chamado a ser santo, não apesar da atividade temporal, mas mais exatamente "graças" a ela (*Lumen gentium* [LG], 40).

Fazer política como cristãos

Um dos riscos maiores da política é o *pragmatismo*, sem ideais, que se transforma em busca do poder pelo poder e abre a porta a todo tipo de desvios.

No atual vazio de esperanças e desaparecimento de ideais, é de grande importância a inspiração cristã na política. Fazer política, "como cristão", é uma coisa séria, é uma opção exigente. É verdade que não existe uma *política cristã*. O Evangelho não oferece receitas políticas, econômicas, sociais. A política é "laica". Não pretende tornar o povo mais religioso, mas mais cidadão.

Quem, porém, quer fazer política como cristão deve permanecer fiel a alguns *critérios* fundamentais:

- coerência com os valores;

- método democrático;

- honestidade;

- competência e profissionalismo, respeitando as leis próprias de cada domínio (política, ciência, arte), pois o Evangelho indica os valores, mas não dá o modelo técnico-político de sociedade, governo, partido e não oferece opções e programas concretos.

Autonomia das opções políticas

De quem é a responsabilidade das opções no campo político e social?

Certamente não podemos negar aos pastores o papel de iluminar e julgar, mas os *leigos* não podem considerar-se meros executores passivos das disposições da hierarquia. A eles compete:

- oferecer a sua ajuda e competência aos pastores para elaborar sempre melhor a doutrina social da Igreja;

- ser coerentes e corajosos nas opções e assumir riscos e responsabilidades.

Espiritualidade e profissionalismo

Condição indispensável para fazer política como cristãos é que estes sejam autênticos, que tenham, ao mesmo tempo, uma forte carga espiritual e uma grande competência profissional.

Toda opção política do cristão deverá ser fruto de uma dúplice fidelidade: aos valores cristãos inspiradores e às regras próprias (laicas) da arte política.

Não basta ser bom cristão. É preciso ser "homem de síntese", isto é, apresentar profunda coerência entre fé e profissionalismo. O perigo maior é a separação entre contemplação e ação.

O mundo precisa de políticos competentes, honestos, idealmente motivados, profissionalmente formados.

A política não pode ser uma *profissão*, deve ser uma *vocação* e uma *missão*.

A Igreja é chamada a realizar o Reino que supõe uma autêntica *civilização do amor*. Ela não pode ficar neutra; deve tomar uma posição clara toda vez que a justiça e a caridade o exijam.

Uma doutrina social da Igreja deve ter três elementos essenciais:

- um profundo enraizamento evangélico;

- um profundo conhecimento e compreensão, tanto no plano teórico como no plano geopolítico, do que está acontecendo no mundo;

- uma decidida e radical opção pelos pobres.

Uma palavra de agradecimento e de encorajamento às mulheres

Quase sempre e em quase todas as partes, as mulheres foram relegadas aos afazeres domésticos e mantidas em completa sujeição. Hoje, mais do que nunca, assistimos a uma tomada de posição das mulheres, cujo valor é reconhecido em todos os campos: científico, literário, político, econômico e religioso.

A Igreja latino-americana, em particular, deve muito às mulheres. Foram elas em grande parte que, vivendo a fé cristã, a transmitiram aos seus filhos, mesmo que de maneira incompleta. Hoje, mais do que nunca, elas se sentem amadas e valorizadas por uma Igreja que redescobriu o lugar que Deus confiou à mulher no seio da humanidade e da própria Igreja.

Na criação, na Encarnação e ressurreição de Jesus, aparece claramente o amor de Deus pelas mulheres. A mulher é como que o ponto alto das obras de Deus e da redenção. É pensada como o complemento do homem; é escolhida para ser a mãe do seu Filho; as mulheres estão presentes na morte e na ressurreição de Jesus e por ele são enviadas a anunciar a alegre notícia aos Apóstolos. Desde o começo do Cristianismo, encontramos mulheres destemidas e apaixonadas por Jesus. Os Atos dos Apóstolos apresentam Maria, mãe do evangelista Marcos, que reúne na sua casa um grupo de discípulos e abriga Pedro, foragido (cf. At 12). Paulo faz um grande elogio a várias mulheres, a "Febe, nossa irmã, diaconisa da Igreja de Cencreia", bem conhecida pela sua dedicação aos necessitados, entre os quais se encontra o próprio Apóstolo (cf. Rm 16,1-2). De Evódia e Síntique o próprio Paulo relata que "elas tinham lutado para espalhar o Evangelho junto comigo" (Fl 4,2-3).

É certo que na base da Igreja, sustentando todos e a serviço de todos, estão Pedro (a "rocha"), os Apóstolos e seus sucessores (os "fundamentos", como se expressam Paulo e o Apocalipse). Mas parece que às mulheres foi reservada a posição privilegiada da experiência mística de Cristo e do testemunho do Evangelho, que são os verdadeiros grandes valores trazidos por Cristo e transmitidos pela Igreja. Desde o início há, na Igreja, diversidade de papéis – como acontece em cada família, como aconteceu também em Nazaré com Cristo e Maria –, mas igualdade de dignidade, pois esta não nasce do papel que se tem e sim da santidade, ou seja, da resposta ao amor de Deus. E para Deus não há diferença alguma entre homem e mulher, entre "ministros ordenados" e o restante do povo de Deus. São todos filhos amados. E a mulher é chamada a reproduzir, de maneira especial, como Maria de Nazaré, o amor, a delicadeza, o carinho, o rosto materno de Deus. Narra o evangelista João que Jesus amava hospedar-se em Betânia na casa de Lázaro, Marta e Maria. "Maria tomou uma libra de perfume de nardo puro, muito caro, ungiu com ele os pés de Jesus e os enxugou com seus cabelos. A casa se encheu de perfume" (Jo 12,3). É esta a maravilhosa missão da mulher: abrir a própria casa aos outros, aliviar dores, enxugar lágrimas, perfumar a casa, perfumar o mundo. E do mesmo modo que Maria, que carregou no seu ventre a Vida, a mulher é portadora de vida.

O PAPEL DO SACERDOTE

Os Apóstolos foram constituídos pelo próprio Cristo guardiães da comunhão entre as raças, tornando-as um só povo. Eles sentiram a necessidade de transmitir também a outros esse encargo. Não formam uma classe à parte, mas são membros do povo sacerdotal, com a tarefa específica de manter vivo o sacerdócio dos fiéis.

"Aos presbíteros que estão entre vós", escrevia Pedro, "exorto eu, que sou presbítero como eles e testemunha dos sofrimentos de Cristo e participante da glória que há de ser revelada. Apascentai o rebanho de Jesus que vos foi confiado, cuidando dele, não como por coação, mas de livre vontade, como Deus o quer, nem por torpe ganância, mas por devoção, nem como senhores daqueles que vos couberam por sorte, mas, antes, como modelos do rebanho" (1Pd 5,1-3).

O presbítero é, portanto, aquele que, tendo feito a experiência do Cristo morto e ressuscitado ("testemunha dos sofrimentos de Cristo e participante da glória"), apascenta o rebanho não por coação, não por torpe ganância, nem como dono, mas sim de livre vontade, por devoção, como modelo do rebanho.

Nessa visão, não se admitem o lucro, o poder, a coação. O que se pede é a livre doação, a dedicação, o bom exemplo. O sacerdócio ministerial é, assim, um serviço, o mais completo possível, que dá sustentação ao sacerdócio básico de todo o povo de Deus. Não cria desníveis, não erige tronos, não rebaixa ninguém. Quem manda não o faz como dono; ao contrário, revive em si o que vai exigir dos outros (como "modelos do rebanho"). O exemplo único e inatingível é o próprio Cristo: "Eu sou a videira e vós os ramos" (Jo 15,5). "Pai Santo, guarda-os em teu nome, este nome que me deste, para que sejam um só como nós" (Jo 17,11). "Que todos sejam um, como tu, Pai, estais em mim e eu em ti" (Jo 17,21). "Que sejam um, como nós somos um. Eu neles e tu em mim, para que sejam perfeitos na unidade e para que o mundo reconheça que me enviaste e os amaste como tu me amaste" (Jo 17,23).

A humanidade nova é essa, construída sobre o modelo trinitário, que se caracteriza pelo serviço em favor da comunhão. Qualquer serviço ou ministério que produz desigualdade, desnível, desunião – poder de um lado e marginalização do outro – não pode ser fruto do Espírito Santo, mas sim do homem velho e do sistema do mal. "Há diversidade de ministérios, mas o Senhor é o mesmo; diversos modos de ação, mas é o mesmo Deus que realiza tudo em todos" (1Cor 12,4-6). "Fomos todos batizados num só Espírito para ser um só corpo, judeus e gregos, escravos e livres, e todos bebemos de um só Espírito!" (1Cor 12,13). Mas se no mesmo corpo há membros livres e membros escravos, membros que valem e membros que não valem, é sinal que seu modelo é Babel (pátria da desunião e da opressão) e não a Trindade (pátria da comunhão, da fraternidade e da liberdade).

O sentido da hierarquia: impedir que existam "últimos"

Uma Igreja que aceita, ou pior, legitima ou sacraliza dentro de si a existência de "últimos" não pode ser a Igreja de Jesus Cristo. Nesta ninguém é menor.

"Quanto a vós, não permitais que vos chamem 'Rabi, pois um só é o vosso Mestre e todos vós sois irmãos. A ninguém na terra chameis 'Pai', pois um só é o vosso Pai, o celeste. Nem permitais que vos chamem 'Guias', pois um só é vosso guia, Cristo. Antes, o maior dentre vós será aquele que vos serve" (Mt 23,8-11).

Jesus proclama a igualdade fundamental: todos irmãos, filhos de um mesmo Pai, vivendo em comunhão, com papéis e serviços diferentes.

Pode-se dizer que o primeiro serviço daquele que foi escolhido para ser o pastor, o continuador do serviço pastoral de Cristo, é o de impedir que existam ovelhas prejudicadas e marginalizadas.

Os Atos nos mostram que o papel dos Apóstolos, ao dar "testemunho da ressurreição do Senhor Jesus" (At 4,33), é presidir a comunidade "no ensinamento, na comunhão fraterna, na fração do pão, nas orações" (At 2,42) e na partilha dos bens (At 4,35). Os Apóstolos tornam-se ciosos dessa fraternidade-igualdade. Logo que surgem murmurações e queixas, eles convocam "a assembleia dos discípulos" (At 6,2). A ela compete escolher os sete irmãos destinados ao serviço diaconal. Os Apóstolos só fazem aceitar, ratificar e impor-lhes as mãos (At 6,6).

Quando Paulo, recém-convertido, se sente marginalizado no meio dos discípulos, que não acreditam na conversão dele, Barnabé apresenta-o aos Apóstolos. "Daí por diante (Paulo) ia e vinha entre eles, em Jerusalém, e pregava com firmeza o nome do Senhor" (At 9,28). Eis o papel dos Apóstolos: permitir que um irmão marginalizado possa "ir" e "vir" livremente.

Nesse sentido, dois fatos merecem maior atenção: o batismo de Cornélio e o Concílio de Jerusalém.

Pedro afirma claramente a sua convicção de que havia iniciado uma era nova. Já não podiam coexistir privilegiados e marginalizados. A raça (e o seu sinal, a circuncisão) não podia constituir um divisor de águas, pois "Deus não faz acepção de pessoas" (At 10,34).

Quando os fiéis de origem judaica confrontaram Pedro por ter entrado na casa de incircuncisos e comido com eles (trata-se do centurião Cornélio e de outras pessoas), o Apóstolo lhes relatou o que havia acontecido: "Ora, apenas eu começara a falar, o Espírito Santo caiu sobre eles, assim como sobre nós no princípio" (At 11,15). "Ouvindo isto, os fiéis de origem judaica tranquilizaram-se e glorificavam a Deus" (At 11,18).

O segundo fato é mais complexo, mas complementa o primeiro. O mesmo problema se apresentou em Antioquia. Judaizantes queriam que os gentios, antes de serem batizados, fossem circuncidados. Paulo e Barnabé não eram favoráveis a essa imposição. Diante do impasse, decidiram enviar uma comissão a Jerusalém, que foi acolhida pela comunidade, pelos Apóstolos e pelos irmãos (cf. At 15,4). Depois de uma longa discussão e da argumentação de Pedro (cf. At 15,7ss), os anciãos concordaram com o que ele havia dito; então a assembleia silenciou (cf. At 15,12). Em seguida falaram Barnabé e Paulo. Por fim, levantou-se Tiago para expor o seu ponto de vista. Pediu a observância de algumas normas. "Então os Apóstolos e os anciãos, de acordo com toda a comunidade de Jerusalém, resolveram escolher alguns" (At 15,22) e enviá-los a Antioquia, com Paulo e Barnabé. Uma carta os acompanharia com as decisões tomadas: "Pareceu bem ao Espírito Santo e a nós (Apóstolos, anciãos, comunidade) não vos impor outro jugo [...]" (At 15,28). Chegando a Antioquia, os emissários reuniram a comunidade para comunicar as decisões do primeiro grande Concílio da Igreja.

Como se vê, é toda a Igreja que age, se reúne, decide. Os Apóstolos estão presentes para que tudo isso se faça na liberdade, com respeito, no amor. Há liberdade de palavra. Fala Pedro, falam Barnabé e Paulo, fala Tiago. A comunidade escuta e, com os Apóstolos, não mortifica ninguém; ao contrário, é uma presença animadora, suscitadora de debate e asseguradora da liberdade e dos direitos dos "últimos", neste caso, dos gentios, a quem se reconhece autonomia e igual vocação.

Trata-se de uma página memorável, que não pode ser esquecida. O Direito Canônico de 1983, traduzindo em termos jurídicos a teologia do Concílio Vaticano II, afirma: "Entre todos os fiéis, pela sua regeneração em Cristo, vigora, no que se refere à dignidade e atividade, uma verdadeira igualdade" (Cân. 208). Todos os fiéis fazem parte do mesmo povo de Deus, do mesmo Corpo de Cristo. Todos têm direito e dever de evangelizar (Cân. 210), os fiéis leigos também (Cân. 225.51). A eles, porém, de maneira particular, é confiado o dever especial "de animar e aperfeiçoar com espírito evangélico a ordem das realidades temporais, e assim dar testemunho de Cristo, especialmente na gestão dessas realidades e no exercício das atividades seculares" (Cân. 225.52).

Comunidade e autoridade (ambas necessárias e instituídas pelo próprio Cristo) devem prestar um verdadeiro serviço ao mundo, aos homens, ao Reino.

Uma escolha específica: a vocação sacerdotal

O sacerdócio é uma escolha livre e pessoal. Ninguém é obrigado a seguir essa vocação. É apenas um convite feito por Jesus. "Mestre, onde moras?". "Vinde e vede!" (Jo 1,38-39). "Venham comigo, farei de vocês pescadores de homens" (Mt 4,19).

Levi, mal tinha sido convidado, levanta-se, deixa a mesa de cambista e segue Jesus (Mt 9,9).

O jovem rico, ao contrário, observa os mandamentos, mas não tem a coragem de vender o que tem, de dar aos pobres e de seguir Jesus (Mt 19,16-22).

Judas, aparentemente, vende seus bens, doa-os e segue o Mestre; na verdade, rouba e trai.

E você, que se levantou e seguiu Jesus, como o fez? À maneira de Levi? À maneira de Judas?

As características da vocação sacerdotal

Os sacerdotes "são chamados a prolongar a presença de Cristo, único e sumo Pastor, atualizando o seu estilo de vida e tornando-se como que a sua transparência no meio do rebanho a eles confiado" (João Paulo II, *Pastores dabo vobis*, 15). De forma particular, o sacerdote é chamado a reviver o Cristo Sacerdote e a reviver no mundo a paternidade de Deus.

Reviver o Cristo sacerdote

O sacerdote é alguém que se empresta a Cristo para lhe dar a possibilidade de continuar presente no mundo, na sua qualidade de sacerdote, sacrificador de si mesmo e do povo, seu Corpo místico. Mas o sacerdote dá a Cristo uma segunda possibilidade: a de se fazer vítima. Ele aprende de Cristo a não se pertencer mais a si mesmo, a se tornar como Cristo pão quente e saboroso que todos têm direito de comer. Enfim, o sacerdote recebe de Jesus mãos capazes de perdoar, de acariciar, de fazer festa.

À semelhança de Jesus, o sacerdote procura reviver a figura sublime do Bom Pastor e continuamente se pergunta como é que ele trata o Pai, como trata as ovelhas e como trata os lobos.

Como Jesus, o sacerdote ama o Pai, escuta-o, faz a sua vontade.

Como Jesus, ele conduz as ovelhas, vai a sua frente, dá-lhes comida e, por elas está disposto até a dar a vida.

Como Jesus, ele defende as ovelhas dos muitos lobos e dragões que as querem desviar, humilhar, devorar.

Portanto, o sacerdote deve mergulhar continuamente na alma e no coração de Jesus, conhecê-lo, segui-lo, deixar-se fascinar por ele. Muita gente nunca encontrou Jesus, nunca viu o seu rosto, nunca foi acariciado por ele. Aquele irmão é cego, aquele outro é mudo, aquele outro está doente, aquele outro está faminto, aquele outro é dependente químico, aquele outro perdeu o sentido da vida e está desesperado, aquela mãe chora a morte do filho. Jesus se fará presente? Ele pede emprestado aos seus sacerdotes a boca para falar, o coração para amar, as mãos para curar e para acariciar.

Poderíamos resumir assim o papel do sacerdote:

O sacerdote torna-se Evangelho, anúncio de mundo novo.

O sacerdote torna-se mão estendida, para salvar quem está afundando.

O sacerdote lava os pés e purifica os corações.

O sacerdote distribui o pão, consagra o pão e se torna pão.

Reviver no mundo a paternidade de Deus de maneira nova e original (virginal)

O sacerdote é um homem chamado a viver a paternidade de um modo novo e original, à maneira de Cristo e de Paulo, que conjugam virgindade e paternidade de modo único e surpreendente e vivem um celibato de amor, por amor, feito de ternura e disponibilidade total.

O sacerdote vive a sua paternidade à maneira de Cristo, que se doou completamente e esteve disponível para todos. Não se pertencia mais. Sentia compaixão pelas multidões (cf. Mc 6,34), voltava-se para ela de tal maneira que nem tinha tempo para comer (cf. Mc 3,20; 6,31).

O sacerdote vive a sua paternidade à maneira de Paulo.

– "Não vos escrevo tais coisas para vos envergonhar, mas para vos admoestar como a *filhos bem amados.* Com efeito, ainda que tivésseis dez mil pedagogos (mestres) em Cristo, não teríeis muitos pais, *pois fui eu quem pelo Evangelho vos gerou em Cristo Jesus"* (1Cor 4,14-15).

– "Eu plantei" (1Cor 3,6). Semeei em vós a vida nova do espírito que vos configura a Cristo.

– "Meus filhos, por quem eu sofro de novo *as dores do parto,* até que Cristo seja formado em vós" (Gl 4,19).

– "É na qualidade de Paulo, velho e agora também prisioneiro de Cristo Jesus, que venho suplicar-te em favor de meu filho Onésimo, *que eu gerei na prisão"* (Fm 10).

– "Apresentamo-nos no meio de vós cheios de bondade, *como uma mãe que acaricia seus filhinhos"* (1Ts 2,7).

– "Bem sabeis que exortamos a cada um de vós, *como um pai a seus filhos*" (1Ts 2,11).

– "Quanto a mim, de bom grado me gastarei e me desgastarei todo inteiro em vosso favor. Será que, dedicando-vos mais amor, serei, por isso, menos amado?" (2Cor 12,15).

A fecundidade da virgindade

O sacerdote revive a paternidade de Deus, o amor sem limite para o seu povo, mas de maneira especial, virginal. Para o sacerdote, o celibato não pode ser considerado lei, mas é uma graça para poder amar. Mais do que oferta, o sacrifício do sacerdote é dom de Deus. Não devemos nos deixar enganar. Deus não quer roubar o direito ao amor e à paternidade, mas quer dar a um coração humano potencialidades e capacidades divinas. Porém, como dizia São Paulo, "carregamos estes tesouros em vasos de barro" (2Cor 4,7).

Portanto, só pode assumir a missão sacerdotal quem quer de verdade viver esses valores. Quem não aceita viver à maneira de Jesus Cristo corre o risco de estragar a sua própria vida e, ao mesmo tempo, tornar inútil um dom que Deus faz à sua Igreja.

UMA PERGUNTA INQUIETANTE

Quem vai nos ajudar a formar uma Igreja santa, com pastores santos e cristãos santos? Só o Espírito Santo. Ele é princípio de vida da Igreja e do cristão. Ele não é norma exterior, mas é princípio vital e interior que "ilumina os olhos do nosso coração" (Ef 1,18). Não é código frio, escrito com tinta. Ele é como que a nova estrutura do nosso ser, que nos move e nos dirige, do mais profundo do nosso ser, a realizar a justiça (cf. Rm 16,13-19), a vontade do Pai (cf. Ef 1,17-18), as atitudes fundamentais do cristão, em particular, a caridade, "fruto do Espírito" (Gl 5,22), "vínculo de perfeição" (Cl 3,14), "plenitude da Lei" (Rm 13,10), em que se cumpre e se resume toda a Lei (cf. Gl 5,14).

Nós, portanto, "selados pelo Espírito Santo" (Ef 4,30), devemos nele pautar a nossa conduta (cf. Gl 5,25), "caminhar segundo o Espírito", "não apagar a sua voz" (1Ts 5,19), "evitar o que o entristece" (Ef 4,30).

O cristão transforma-se gradualmente em "homem interior", pois é conduzido pelo "Espírito que vivifica" (Jo 6,63). Os cristãos são como uma "carta de Cristo, reconhecida e lida por todos os homens" e "escrita não com tinta e sim com o Espírito de Deus vivo; não em tábuas de pedra, mas em tábuas de carne, nos corações" (2Cor 3,3-11). Essa "convivência" com o Espírito, essa "experiência de vida" com ele, cria no cristão como que uma segunda natureza, o "homem novo" (Ef 4,24; Cl 3,10), junto a um profundo desejo de ser genuíno, a uma vontade de total transparência, a uma incapacidade de mentir a si mesmo e aos outros.

O Espírito Santo, na sua prolongada morada no cristão, cria nele um ser novo, olhos transparentes, coração puro, palavras claras, orientações decididas. Ele dá o rumo, que é sempre o rumo de amor, mas compete depois ao cristão, frente aos acontecimentos, às infinitas e repentinas mudanças, às "vozes dos tempos", fazer escolhas concretas de ação. Estas são sempre novas. Nada de mais criativo, portanto, de mais livre e, por conseguinte, de mais comprometedor. No mesmo momento em que o Espírito liberta a pessoa de toda a lei, ele a lança para o amor mais exigente e a consagra à solidariedade, à justiça, ao serviço. Quem ama não pode deixar de dar tudo, até a vida. Não por coação e sim pela dinâmica nova de suprema liberdade e de semelhança sem igual àquele Deus que, por amor, entregou seu Filho. É a ética própria do Espírito de vida.

"A lâmpada do teu corpo é o olho", dizia Jesus. "Se o teu olho for limpo, todo o teu corpo estará na luz" (Lc 11,36). Assim, se a nossa luz for o Espírito Santo, toda a nossa ação será limpa e transparente e teremos encontrado o verdadeiro sentido da vida.

A morte e a ressurreição de Jesus não nos privam da permanente presença de Deus. Deus está conosco através do seu Espírito de amor, de seu Paráclito. Santo Irineu e outros Padres da Igreja ensinam que, em Jesus, o Espírito Santo começou a habituar-se a morar entre as pessoas. Por outro lado, as pessoas, em Jesus, aprenderam a reter esse mesmo Espírito. Vive agora entre nós e em nós o Espírito de Deus. Ele nos santifica, fazendo-nos crescer em santidade, mas também em humanidade. Pelo nascimento do Verbo, Deus assumiu a nossa carne; pelo seu Espírito, humaniza mais o ser humano, ajudando-o a realizar uma sociedade fraterna feita de convivência amorosa, de justiça e de paz, a fim de conseguir o seu destino definitivo: viver em Deus e de Deus, em sua glória.

Para terminar, queremos saborear uma página esplêndida de São João Crisóstomo, tirada do seu comentário sobre o evangelho de Mateus.

> Nossa vida deveria ser tão pura até não precisar de nenhum escrito: a graça do Espírito Santo deveria substituir os livros, e como estes são escritos com tinta, assim nossos corações deveriam ser escritos com o Espírito Santo. Só porque perdemos essa graça é que devemos nos servir dos escritos; mas quanto melhor fosse a primeira maneira, o próprio Deus o tem demonstrado. Aos seus discípulos, de fato, Deus nada deixou por escrito, mas prometeu a eles a graça do Espírito Santo: "Ele – disse-lhes – irá sugerir tudo para vocês"; como disse por boca de Jeremias: "Farei uma nova aliança, promulgarei minha lei nas suas almas, e a escreverei nos seus corações, e todos serão instruídos por Deus"; e Paulo, querendo afirmar essa mesma verdade, dizia ter recebido a lei "não sobre tábuas de pedra, e sim sobre tábuas de carne, isto é, no seu coração". Nossa vida, portanto, deveria ser pura, de forma que, sem precisar de escritos, nossos corações fossem sempre abertos à guia do Espírito Santo. É, de fato, o Espírito Santo que desceu do céu quando foi promulgada a nova

lei, e as tábuas que ele gravou nessa ocasião são bem superiores às primeiras, pois os apóstolos não desceram do monte levando, como Moisés, tábuas de pedra nas suas mãos; mas eles vinham trazendo o Espírito Santo nos seus corações, tendo-se tornado, por meio da sua graça, uma lei e um livro viventes.

E O DIÁRIO DE JESUS CRISTO? AINDA NÃO ESTÁ TERMINADO!

A autobiografia de Jesus não está terminada. Deve ser continuada, pois ele vive conosco. "Eu estarei com vocês todos os dias, até o fim do mundo" (Mt 28,20). A sua história de hoje não pode ser perdida. Alguém deve vivê-la e deve contá-la. Alguém deve escrever esse diário. De fato, o diário está na mão da lavadeira, que toda noite acrescenta umas linhas, grossas e tortas. O diário está na mão calosa do lavrador e do pedreiro semianalfabeto, que escrevem com letra graúda e pesada. O diário está na mão de uma pessoa idosa; é possível reconhecer, pois a escrita é trêmula, quase incompreensível. O diário está na mão de um político; ele enaltece demais o poder. O diário está na mão de um banqueiro; ele vê no dinheiro a solução de tudo. O diário passa pelas mãos de inúmeras crianças, perdidas na rua; elas escrevem com caracteres enormes: "Pai, por que me abandonaste?". E o diário passa pela mão de um catequista, de uma freira, de um bispo, de um padre. Que tipo de Jesus estarão eles vivendo? Que tipo de segredo estarão experimentando e comunicando? O deles será um diário autêntico? Vão esconder alguma coisa? Vão mudar o sentido das palavras? O rosto de Jesus surgirá claro, inteiro, transparente? Meu Deus, que sejam sinceros, que sejam honestos, que não usem truques. Que cada rosto de cristão seja um livro aberto em que todo mundo possa rever as feições vivas de Jesus!

E assim, dia após dia, a autobiografia de Jesus se desenrola e cresce. Cada ser humano é um capítulo novo escrito por Jesus.

Lá no céu, o Pai está esperando para colocar a palavra *Fim* nesse relato maravilhoso, ou, talvez, ele tenha pronto este outro final: *Início da Terra nova e do Céu novo em Cristo Jesus.*

E você, quer ser um capítulo novo da vida de Jesus?

SUMÁRIO

Coleção Jesus Mestre 7

Apresentação 9

Breve introdução 10

O ser humano 11

Deus: quem é Deus? 16

Jesus, o Deus-Conosco...26

A sede do homem e a sede de Deus 39

A sede do homem: o ser humano à procura de Deus.......40

A sede de Deus: Deus à procura do homem 57

O novo corpo de Jesus: a Igreja (1Cor 12).....................73

O que a Igreja oferece à humanidade 83

Uma Igreja de rosto latino-americano 86

Organização da Igreja 91

O próximo: o grande sacramento do encontro com Deus...95

Espiritualidade do cristão 99

Iniciação cristã na família e na catequese.....................102

A herança de Jesus: quem irá continuar a sua missão? 110

Igreja missionária 112

A vocação dos leigos 118

Os protagonistas da ação social.....................................125

O papel do sacerdote 131

Uma pergunta inquietante 138

E o diário de Jesus Cristo? Ainda não está terminado!....141

Impresso na gráfica da
Pia Sociedade Filhas de São Paulo
Via Raposo Tavares, km 19,145
05577-300 - São Paulo, SP - Brasil - 2012